Manual de la Consejera de

Margaritas

Misioneritas en Latinoamérica

Tomo 1

Tammy Fisher, Editora de contenido
Abigail Bogarin, Traductora
Guido Féliz, Editor de estilo
Cubierta diseñada por Debbie Wilson

Agradecemos el valioso trabajo de
Carolina de Hunt
Janet Arancibia
Jorge Tobar
Malena de Tobar
© RDM, 2008   Primera edición 2008

Esto es una producción de SLC

SLC
SERVICIO DE
LITERATURA CRISTIANA

Apartado 0818-00792
Ciudad de Panamá, PANAMÁ

ISBN: 978-1-63368-152-1

Misioneritas

Bienvenidas al Departamento de Misioneritas...

¡Qué oportunidad más maravillosa, participar con Cristo en la misión de ver que las niñas de América Latina se convierten en mujeres virtuosas que aman y temen a Dios! Este es el desafío que hemos aceptado al ser líderes de Misioneritas.

Nuestra vida debe ser el ejemplo de esa mujer virtuosa. Cada reunión debe ser ocasión para que ellas aprendan no sólo de una lección, sino de nuestra devoción a Dios y del trato cariñoso que les brindemos. Con dedicación, paciencia, y constancia las guiaremos a conocer a Dios personalmente y a caminar con Él cada día.

No estamos solas. Somos un ejército de mujeres de todos los rincones de América Latina que nos hemos propuesto impactar la vida de una niña con el mensaje del evangelio. Tenemos los medios para alcanzar nuestra meta. La Biblia y los materiales de Misioneritas son las herramientas que Dios ha puesto en nuestras manos para que cumplamos esta misión. Tenemos la ayuda de un fiel compañero. El Espíritu Santo es nuestro consejero, la fuente de inspiración y sabiduría, y nuestro gozo y fortaleza en tiempos difíciles.

Hoy es tiempo de trabajar, cuando aún están en sus primeros años, cuando con un tierno corazón pueden hacer la decisión más importante de su vida.

Los albores de las Misioneritas

En enero de 1956 nació el Departamento de las Misioneritas en los Estados Unidos. Las iglesias de las Asambleas de Dios vieron la necesidad de que se preparase un material de interés y utilidad particular para las niñas y jóvenes. El Concilio Misionero Femenino comenzó a trabajar en la organización de un grupo misionero en el que las niñas pudieran compartir amistad y crecer espiritualmente.

Más tarde, la idea se propagó a las iglesias en América Latina. Con la ayuda de diversas traducciones del material producido en Norteamérica, las damas del Concilio Misionero Femenino de los demás países organizaron sus grupos. Sin embargo, con el paso del tiempo se hizo patente la necesidad de contar con materiales que atendieran las necesidades de la cultura hispana.

En vista de la gran necesidad, en marzo de 1988, la misionera Anita v. de Niles convocó a una reunión con el fin de planificar material de Misioneritas para las niñas de América Latina. La reunión se celebró en la ciudad de Panamá y hubo participantes de ocho países: Argentina, Lydia de Masalyka; Bolivia, Alice de Morales; Panamá, Dorothy de Cederblom y Celestina Bishop; Costa Rica, Iveth Bonilla; El Salvador, Alicia de García; Guatemala, Gloria Montúfar; República Dominicana, Carolina de Hunt; México, Elizabeth de Chávez; y las misioneras Loida v. de Williams y Anita v. de Niles.

Después de nueve días de oración y planificación las damas reunieron ideas para trabajar en los materiales de Misioneritas para América Latina. Tres años y medio más tarde, en 1990, se publicó por primera vez la serie de seis manuales del programa "Escalera a las Estrellas".

Escalera a las Estrellas ha tenido gran éxito en casi todos los países. Sin embargo, las niñas más pequeñas también necesitan su propio programa, desarrollado conforme a las características de la edad. El Departamento de Misioneritas quiere satisfacer esta necesidad y en esta etapa se añaden los materiales Margaritas y Rosas para las niñas de 5—6 y 7—8 años, respectivamente.

Meta General y Objetivos del Departamento de Misioneritas

Meta General

El Departamento de Misioneritas iniciará mayormente a niñas en las verdades del evangelio: la salvación, el crecimiento espiritual, el desarrollo del carácter cristiano, el servicio, el testimonio, y evangelismo a toda criatura; en conclusión proveerá discipulado bíblico integral a niñas de toda edad.

Objetivos

1. Ganar las niñas para Cristo
2. Estimular las niñas en el desarrollo físico, mental, emocional, social, y espiritual.
3. Proveer situaciones que satisfagan las necesidades básicas de las niñas en sus diversas etapas de desarrollo.
4. Instruirlas acerca de la obra misionera en su país y en el exterior.
5. Inspirar a las niñas al servicio en obediencia a Dios.
6. Proporcionar adiestramiento para que las niñas se conviertan en miembros acreditados de su iglesia.

Quiénes son Misioneritas

Misioneritas son todas las niñas y jóvenes que participan activamente en el departamento. El material está diseñado para asistirlas en las diferentes etapas. Cada grupo tiene su propio nombre y programa.

1. ARCO IRIS: niñas y niños de 3 y 4 años cumplidos.

   Aunque Misioneritas atiende mayormente a niñas, este es el único grupo mixto en el departamento. Una vez que los varones completan su etapa de Arco Iris, son parte de Exploradores del Rey.

   El grupo Arco Iris es activo en algunos países de América Latina, especialmente aquellos que han desarrollado sus propios materiales.

2. MARGARITAS: niñas de 5 y 6 años cumplidos.

3. ROSAS: niñas de 7 y 8 años cumplidos.

4. ESCALERA A LAS ESTRELLAS
   a. Estrellas: niñas de 9 a 11 años cumplidos.
   b. Estrellas de Honor: niñas de 12 a 15 años cumplidos.

5. SOCIEDAD DE SEÑORITAS: 16 años en adelante.

   Algunos países han organizado grupos para atender a las niñas después que se coronan Estrellas de Honor o que cursan educación secundaria. Las líderes en estos países han desarrollado sus propios materiales y han dado nombres diversos al grupo.

LO QUE TODA MISIONERITA DEBE SABER

Emblema logo de las misioneritas y distintivos

Código de las Misioneritas

Todo lo que es verdadero,
todo lo honesto,
todo lo justo,
todo lo puro,
todo lo amable,
todo lo que es de buen nombre;
si hay virtud alguna,
si algo digno de alabanza,
en esto pensad.
(Filipenses 4:8)

Promesa a la Bandera de las Misioneritas

Prometo lealtad a la Bandera de las Misioneritas y con la ayuda de Dios haré todo lo que pueda para mantener bien en alto sus ideales, para ser fiel administradora de mi tiempo, talento, y dinero, ejercer mi ministerio en favor de los demás, permanecer en El mediante la oración y el estudio bíblico y testificar como misionerita.

Promesa a la Bandera Cristiana

Prometo lealtad a la Bandera Cristiana y al Salvador cuyo reino representa; una hermandad, que une a todos los verdaderos creyentes en el servicio y en amor.

Promesa a la Biblia

Prometo lealtad a la Biblia, santa Palabra de Dios. La constituiré en lámpara a mis pies y luz a mi camino, y atesoraré sus palabras en mi corazón a fin de no pecar contra Dios.

ORGANIZACION DEL DEPARTAMENTO DE MISIONERITAS

Organigrama

El Departamento de Misioneritas puede funcionar dentro de la iglesia como grupo autónomo, o con el patrocinio del Ministerio Femenino o del departamento de niños. El liderazgo de cada país tiene la libertad de decidir cómo lo organizará. El siguiente organigrama describe a Misioneritas como un departamento auxiliar autónomo.

Es posible que las características de los diversos países hagan que la organización nacional cambie, se añadan o quiten estratos de responsabilidad. Este organigrama es sólo un modelo, no debe ser considerado una regla.

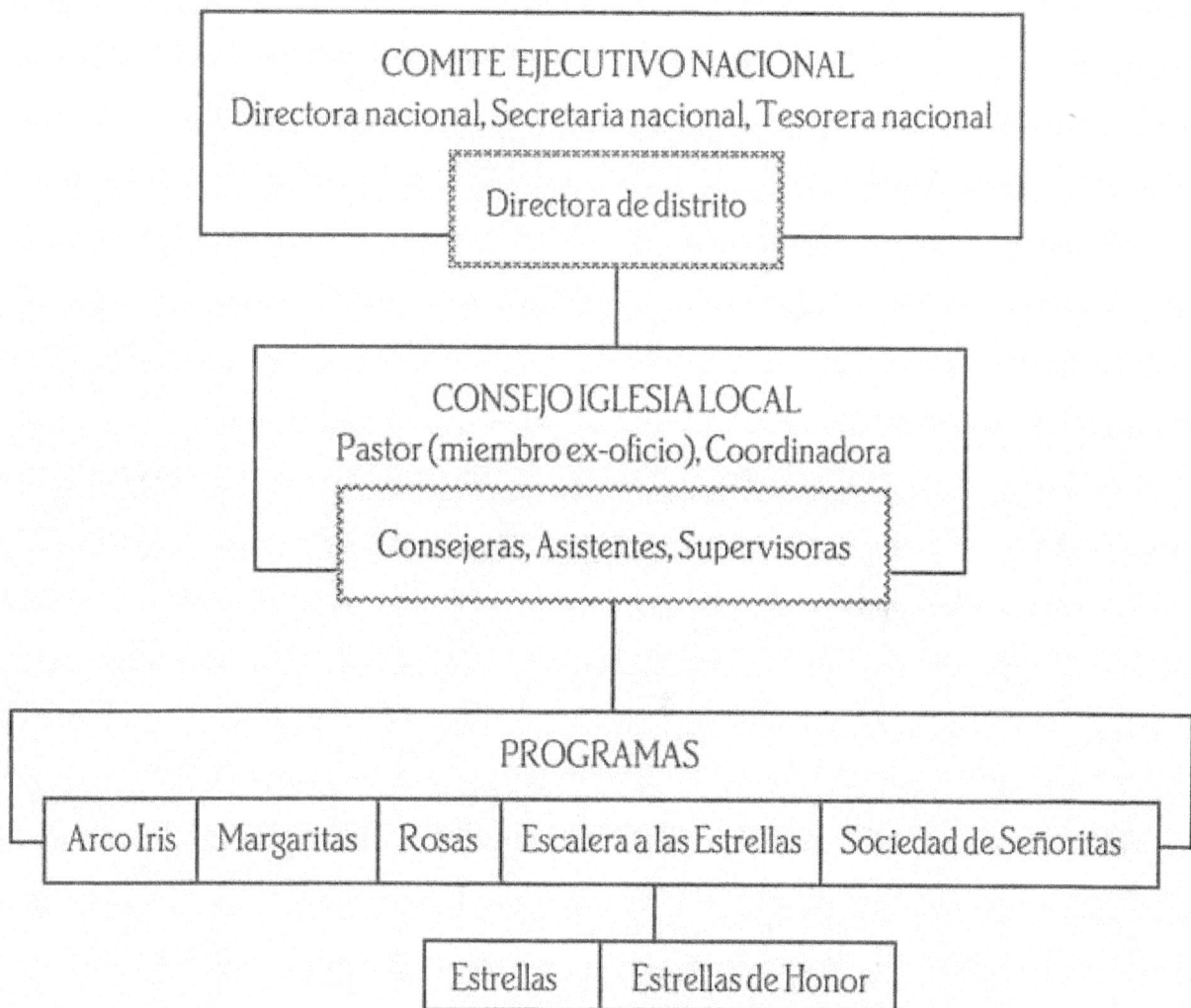

```
┌─────────────────────────────────────────────────────┐
│            COMITE EJECUTIVO NACIONAL                  │
│  Directora nacional, Secretaria nacional, Tesorera    │
│                    nacional                           │
│         ┌───────────────────────────────┐            │
│         │      Directora de distrito     │            │
│         └───────────────────────────────┘            │
└─────────────────────────────────────────────────────┘

┌─────────────────────────────────────────────────────┐
│              CONSEJO IGLESIA LOCAL                     │
│    Pastor (miembro ex-oficio), Coordinadora           │
│      ┌───────────────────────────────────┐           │
│      │  Consejeras, Asistentes, Supervisoras │        │
│      └───────────────────────────────────┘           │
└─────────────────────────────────────────────────────┘

┌─────────────────────────────────────────────────────┐
│                    PROGRAMAS                          │
│ ┌─────────┬──────────┬──────┬─────────────┬────────┐ │
│ │Arco Iris│Margaritas│ Rosas│ Escalera a  │Sociedad│ │
│ │         │          │      │ las Estrellas│ de     │ │
│ │         │          │      │             │Señoritas│ │
│ └─────────┴──────────┴──────┴─────────────┴────────┘ │
└─────────────────────────────────────────────────────┘

              ┌──────────┬────────────────┐
              │ Estrellas│ Estrellas de Honor│
              └──────────┴────────────────┘
```

Comité ejecutivo nacional

El comité nacional cumple un papel consultivo y administrativo. Supervisa, ofrece sugerencias, ideas, y recomendaciones respecto a la realización de proyectos aprobados para las Misioneritas.

Este comité está formado por la directora nacional, la secretaria nacional, la tesorera nacional, y las directoras de distrito.

Directora nacional

La directora nacional supervisa el Departamento Nacional y relaciona entre sí las labores de las dirigentes de distrito o regionales. Ella también convoca a las sesiones ejecutivas.

Secretaria nacional

La secretaria recibe y tramita las solicitudes para el establecimiento de los grupos y envía las Cartas Constitutivas a los grupos que solicitan. Además ayuda en la planificación y realización de las actividades de las Misioneritas a nivel nacional y mantiene un libro de actas del Comité Ejecutivo Nacional de las Misioneritas.

Tesorera nacional

La tesorera se encarga de todas las finanzas. Se recomienda que cada grupo envíe a la tesorera nacional de las Misioneritas la décima parte de todas las entradas. Este dinero debe ser usado para promover el departamento a nivel nacional y de distrito.

Si hay una directiva de distrito organizada, los grupos pueden enviar su diezmo al distrito. La directora de distrito retendrá una suma fijada por el Comité Ejecutivo Nacional para cubrir gastos de operación en la promoción del departamento. La suma restante será enviada a la tesorera nacional

Directora de distrito o zona

Su misión es fomentar la labor de las Misioneritas y procurar que se organicen nuevos grupos en su distrito. Cada vez que puede, planifica visitas a los grupos de Misioneritas del distrito que dirige.

Debe intercambiar correspondencia con las coordinadoras y consejeras de las iglesias locales de su distrito y mantenerlas informadas de los planes y actividades a nivel nacional. Anima y ayuda a las coordinadoras y consejeras de las iglesias locales cuando comienzan su departamento de Misioneritas y ofrece asistencia en las diversas áreas.

Consejo local de las misioneritas

El Consejo Local de las Misioneritas estará compuesto de la coordinadora de Misioneritas, consejeras, asistentes, supervisoras, y el pastor como miembro ex-oficio. Cada miembro estará adecuadamente informado del Departamento de Misioneritas. Una buena organización local contribuye al buen éxito de este departamento.

La participación del pastor de la iglesia da a la organización seriedad y exige compromiso de quienes participan. El pastor es la persona indicada para dar a conocer el proyecto a la iglesia y hacer notar a la congregación la importancia del grupo en la formación integral de las niñas.

Una coordinadora es necesaria cuando la iglesia local cuenta con un departamento con grupos que atienden niñas de diversas edades, o cuando hay varios grupos que funcionan en forma paralela. Las iglesias que comienzan con un grupo, deben tener como meta crecer y, cuando se hiciera necesario, la líder de ese grupo debería estar dispuesta a cumplir la labor de coordinadora en el Consejo Local de Misioneritas.

En los países donde las Misioneritas constituyen un auxiliar del Ministerio Femenino, la presidenta de las damas será también miembro de este consejo.

Las responsabilidades del Consejo Local de Misioneritas son las siguientes:

1. Planificar las actividades anuales, retiros, y todo aquello que contribuya al progreso del Departamento de las Misioneritas.

2. Diligenciar maneras de financiar los materiales para las Misioneritas.

3. Aprobar los planes y actividades de los diversos grupos o comisiones, en el caso de las niñas mayores.

4. Convocar a reuniones con las supervisoras a fin de revisar el trabajo de las niñas para obtener sus insignias de logro, de paso, o de mérito.

5. Avisar con tiempo la hora y el lugar de las reuniones y demás actividades.

LAS LIDERES

Quién puede ser líder

A. El liderazgo según principios bíblicos

La primera carta a los Tesalonicenses presenta un claro perfil de cómo debe ser el líder cristiano. Lea la lista que aparece a continuación:

✧ Es diligente en orar por quienes están bajo su liderazgo (1:2)

✧ Da buen ejemplo (1:5, 7)

✧ Se alegra con el buen éxito de los demás (1:7–9; 2:19, 20)

✧ Quiere agradar a Dios (2:4)

✧ Es amable y gentil, y se interesa en las personas (2:7, 8)

✧ No le preocupa el reconocimiento ni la retribución por su trabajo (2:9, 10)

✧ Lleva una vida libre de reproches (2:10)

✧ Se regocija cuando la Palabra de Dios produce cambios en la vida de las personas (2:13)

✧ Si es necesario, sacrifica sus propios deseos para ayudar a los demás (3:1, 2)

✧ Anhela el crecimiento espiritual de quienes dirige (3:2, 6)

✧ Detesta la autocompasión (3:3, 4)

✧ Plantea grandes metas para quienes guía (3:11–13)

✧ Honra a quien lo merece (3:9–12)

✧ Está al corriente de los asuntos de actualidad y cómo pueden afectar a quienes dirige (4:13–5:11)

✧ Enseña la sana doctrina y estimula a vivir según los principios cristianos (5:1–22)

✧ Estimula a que se reconozca a otros líderes (5:12, 13)

El mejor ejemplo es la vida de Cristo como se relata en los Evangelios.

Los principios bíblicos acerca del liderazgo han dado tema para muchos libros, algunos en forma muy profunda. Sin embargo en este manual sólo mencionaremos algunas sugerencias prácticas para la líder de Misioneritas.

B. El carácter de una buena líder de Misioneritas

La persona que acepta la responsabilidad de consejera o asistente se convierte en una líder de Misioneritas. Hay diversidad de líderes: buenos y malos, competentes e incompetentes, con preparación y sin preparación, fuertes y débiles, mediocres y excelentes. Una líder siempre debe procurar cumplir su labor cada vez mejor y desarrollar un carácter acorde con su responsabilidad. Una buena líder de Misioneritas...

1. *Es fidedigna (digna de confianza)*

Aunque parezca obvio, una de las mayores necesidades en la iglesia es encontrar personas que siempre estén dispuestas a servir y en quienes se pueda confiar.

El trabajo de la líder no tiene remuneración y tal vez algunos crean que no es importante; pero eso no debe ser causa de mediocridad. El servicio debe ser motivado por el amor a Dios y a las niñas. Las Misioneritas confiarán en una líder que se interesa en ellas, se prepara para cada reunión, y llega con anticipación a darles la bienvenida.

El progreso, el interés, y la fidelidad de las niñas son buenas señales de que la líder es una persona digna de confianza.

2. *Hace planes con anticipación*

La líder debe preparar con esmero cada reunión con las niñas, actividad extraordinaria, y reunión con los padres. Observa en el grupo quienes tienen problemas de interacción, las que no tienen interés, y las que causan problemas. Procura tratar con ellas en forma positiva y eficaz.

Las reuniones de los grupos de Misioneritas no deben ser una simple sesión más. La líder debe tener suficientes ideas para enfrentar lo inesperado. Si está prevenida, los imprevistos no convertirán la reunión en un desastre.

Ayuda a las niñas a hacer planes a corto plazo y largo plazo. Conversa con ellas acerca de sus metas como grupo o individuales. Mantiene encendido el entusiasmo por lo inmediato y motiva a las niñas para que no pierdan de vista las metas a largo plazo. Enseña con su propio ejemplo cuán importante es hacer planes.

3. Enfrenta los problemas con actitud positiva

Por lo general manifestamos una de tres actitudes frente a los problemas: enfrentarlos para encontrar una solución, postergarlos y dejar que se compliquen, o pasarlos por alto con la esperanza de que se solucionarán sin nuestra intervención.

En su trato con las niñas, la líder debe tener presente que estas buscan soluciones. Es posible que ni siquiera sepan con claridad cuál es el verdadero problema, pero tienen la esperanza de que ella las escuchará y les dará una respuesta.

La líder debe enfrentar las dificultades con amor. Problemas de disciplina, responsabilidad, personalidad, o puntualidad deben ser corregidos con una buena actitud. La sala de clase y la historia bíblica no son el único lugar y la única situación de aprendizaje. Las niñas también aprenden del interés y la imparcialidad que ven en los adultos.

4. Comunica con eficacia

Las niñas deben comprender lo que se espera de ellas. Si la clase planea una excursión, la líder debe comunicar con claridad la hora, el lugar, y la responsabilidad de cada una. Los padres también necesitan saber el lugar que visitarán, cómo irán, y la hora de salida y regreso.

Cada niña debe entender con claridad las instrucciones de su líder. Una forma de verificar que comprenden su obligación es pedir que repitan paso por paso lo que deben hacer.

Evite usar expresiones tales como "quizá", "a lo mejor", "sí", "podríamos", "posiblemente", "no estoy segura", y "depende". Expresiones como estas comunican inseguridad.

La comunicación no se limita a la sala de reuniones de las Misioneritas. Los padres necesitan saber lo que se espera de sus hijas. Cuanto más se comunique con los padres, tanto mejor progresará su trabajo con las niñas. Es esencial que la líder esté dispuesta al diálogo con las niñas, los padres, el pastor, y el consejo local de Misioneritas; todas estas personas son muy importantes en el buen éxito del departamento.

C. Cualidades de la líder de Misioneritas

Hay dos cualidades fundamentales que toda líder debe tener: una relación personal y dinámica con Dios, y genuina dedicación y amor a las niñas a fin de que conozcan al Señor Jesús como Salvador.

Las cualidades que siguen también deben ser evidentes en toda líder de Misioneritas:

Actitud

La actitud de la líder hacia el Departamento de Misioneritas se refleja en las niñas. Si la consejera muestra entusiasmo, ellas también lo mostrarán. Su consagración y sentido misionero las inspirará. Una vida de oración determinará en gran medida su buen éxito. Ore todos los días por cada niña y el grupo en general. Inste a las niñas a que sean creyentes fervorosas y que muestren su compromiso con Cristo mediante sus palabras y conducta.

La actitud de la líder hacia la obra misionera tiene mucha importancia. Debe estar convencida de que los creyentes tenemos la responsabilidad de llevar el mensaje de salvación a los que no conocen a Cristo. Tal convicción inspirará a las niñas a ocupar el lugar que les corresponde en el cumplimiento de esta gran tarea.

La líder debe ser fiel en su asistencia a los cultos y participación en las demás actividades de la iglesia local.

Madurez

La líder debe dejar a un lado sus problemas personales cuando se reúne con las niñas. Las preocupaciones serán evidentes y las niñas no se sentirán libres para acudir a ella con sus problemas.

El papel de la líder es aconsejar, no imponer. La líder debe permitir que las niñas hagan sus decisiones y expresen sus opinión. Evite dominar el grupo y manejar las emociones de las niñas. Si alguna actividad o plan no resulta como las niñas esperaban, ayúdelas a evaluar y juzgar cuál fue el error.

La líder debe tratar a las niñas con igualdad. Evite manifestar favoritismos. Es normal que en un grupo haya personas más fácil de tratar. Sin embargo, desarrollar amistad demasiado cercana con alguien en particular puede provocar conflictos. Todas las niñas deben ser tratadas con equidad.

Procure no entrometerse en la vida íntima de las niñas o hablar con excesiva libertad de ellas con otras personas. Escandalizarse u ofenderse por lo que observe es señal de inmadurez. La consejera siempre debe estar preparada para responder a las necesidades según se manifiesten.

Una consejera con madurez emocional y espiritual no se desanimará fácilmente, ni deseará abandonar el trabajo cuando las cosas no son como ella ha planeado. Debe procurar no alterar los proyectos del grupo por razones personales. Un programa cumplido con regularidad contribuirá al buen éxito.

Salud

Sabemos que es ventajoso gozar de buena salud y poder participar en juegos activos y salidas al aire libre. Sin embargo, muchas consejeras tienen buen éxito en su labor a pesar de algún impedimento físico o ser de avanzada edad. Si la líder acepta con dignidad los impedimentos podrá ser de inspiración para las jóvenes con las que trabaja. Siempre habrá una asistente que pueda acompañar a las niñas en actividades que requieran destreza física.

Aspecto

El aspecto personal de la consejera será lo primero que notarán las jóvenes. Debe vestir con pulcritud y tener una presentación agradable. Las niñas querrán imitar a la consejera que es armoniosa en sus modales y manera de vestir.

Personalidad

Las mejores líderes de Misioneritas son aquellas que disfrutan de la compañía de la gente. Una dama con una disposición alegre y entusiasta, con buen sentido del humor, y dispuesta a probar lo nuevo, constituye una excelente consejera. Las líderes deben ser flexibles, pero a la vez adoptar una posición firme por lo que es justo; no se dejan influir fácilmente por las circunstancias.

Habilidad

Tal vez no todos somos creativos ni muy ingeniosos. Sin embargo, hay libros repletos de sugerencias y ayudas para las consejeras. La habilidad para leer música y vocalizar una melodía es una ventaja, pero si la consejera no tiene este talento hay asistentes dispuestas a ayudar.

La habilidad de comunicarse al nivel de las niñas es de muchísima importancia. Use un lenguaje que todas entiendan, evite las palabras rebuscadas. La ayudará en su labor visitar una clase de escuela a la que asisten niñas de la edad que usted tiene en su grupo.

Las niñas tal vez no entiendan un concepto la primera vez que lo presente. Sin embargo, mediante la repetición, o sea, presentando las mismas ideas en forma distinta, el punto que usted procura recalcar se convertirá en parte integral de sus conocimientos y experiencias.

Tiempo

Es ventajoso que la líder tenga tiempo para dedicar a su grupo. Sin embargo, muchas de las que han alcanzado mayor éxito son aquellas que están ocupadas en tareas del hogar y responsabilidades de la iglesia. La líder debe limitar el número de otras responsabilidades a fin de tener tiempo de prepararse bien para todas las reuniones. Debe dar importancia y dedicar tiempo a su responsabilidad.

La colaboración de las asistentes es de inmenso valor. Cada una debe saber exactamente qué se espera de ella. Pida al Señor que la ayude a aprovechar su tiempo y los recursos de la mejor manera posible en el servicio para el Reino.

Características de las líderes

Al seleccionar líderes de Misioneritas, el pastor de la iglesia y el Consejo Local deben cuidar que las personas posean las siguientes características:

1. Ser verdadera creyente fundamentada en la Palabra de Dios.
2. Asistir con regularidad a la iglesia.
3. Manifestar una conducta irreprochable en lo que respecta a hábitos e ideales.
4. Disfrutar la compañía de las niñas y el trabajo con ellas.
5. Ser de buen testimonio y respetada por los demás.

6. Ser capaz de dirigir y delegar responsabilidades.

7. Estar dispuesta a aceptar responsabilidades.

8. Tener buen criterio.

9. Cooperar en el programa general de la iglesia.

10. Tener como mínimo 18 años de edad para ocupar el cargo de coordinadora o consejera, y un mínimo de 16 años para ser asistente.

11. Haber recibido el bautismo en el Espíritu Santo o tener el firme deseo de recibirlo.

12. Estar dispuestas a estudiar el Manual de Entrenamiento para Consejeras, niveles de capacitación, y aceptar los deberes que corresponde a su cargo.

Deberes de las líderes

Coordinadora

1. Cumplir con el entrenamiento para líderes.

2. Conocer los programas del departamento de Misioneritas y los planes a nivel nacional.

3. Dirigir todas las reuniones de consejo y sesiones de planificación.

4. Supervisar la labor de cada miembro del consejo.

5. Cuidar que se realicen todas las actividades planeadas por el consejo.

6. Convocar a consejeras y supervisoras a reuniones de evaluación de las realizaciones de las niñas de los diversos grupos.

7. Celebrar reuniones periódicas de planificación con todas las consejeras.

8. Solicitar al departamento nacional o de distrito los materiales necesarios para los grupos de Misioneritas.

9. Tener un lugar seguro en la iglesia para guardar los materiales.

10. Supervisar el desarrollo de las reuniones.

11. Conseguir una consejera sustituto cuando se necesite.

12. Asistir con las demás líderes a los cursos de capacitación que dicte la organización.

13. Hacer preparativos necesarios para asistir a actividades especiales fuera de la ciudad.

14. Coordinar con el pastor las actividades de las Misioneritas para que no interfieran con el programa de la iglesia.

15. Diseñar con el consejo un plan de trabajo anual en base al plan de trabajo a nivel nacional.

16. Presentar al pastor y la junta oficial de la iglesia el plan de trabajo anual de las Misioneritas para su estudio y aprobación.

17. Mantener un registro general del departamento de Misioneritas a nivel de la iglesia local.

Consejera

1. Cumplir con el entrenamiento para líderes.

2. Dirigir las reuniones de su grupo y delegar responsabilidades a las asistentes.

3. Supervisar el progreso de cada niña. Asignar calificaciones en la hoja de trabajo del cuaderno de las niñas cuando completen las actividades.

4. Llegar temprano para preparar la sala de reuniones del grupo, proveer los materiales necesarios, y dar la bienvenida a las niñas.

5. Planificar y prepararse para cada sesión.

6. Supervisar las actividades extraordinarias, tales como fiestas, paseos, recabación de fondos, etc.

7. Visitar a las niñas que se ausentan por más de una semana.

Asistente

1. Estar preparada para ayudar a la consejera en su labor.

   La consejera puede delegar en la asistente algunas secciones de la clase y pueden turnarse el relato de la historia. La ayuda de la asistente es muy importante para el buen desarrollo de la clase.

2. Ayudar a las niñas en el cumplimiento de los requisitos para obtener la insignia que corresponde.

3. Practicar con las niñas el trabajo de memorización.

4. Proporcionar orientación a las niñas a fin de que se conviertan en miembros del grupo de Misioneritas.

Cada visita debe recibir una hoja de información para completar con su nombre, dirección, y número de teléfono (si tiene). (Véase el apéndice "Formularios", donde encontrará un modelo de una hoja de información.)

5. Comenzar el entrenamiento para líderes.

Supervisora

1. Evaluar el trabajo de memorización y el cumplimiento de los requisitos para obtener la insignia que corresponde a la unidad o paso.

2. Firmar con iniciales y fecha la Hoja de progreso de la niña cuando complete los requisitos.

3. Comunicar al consejo que la Misionerita debe obtener la insignia que corresponde (logro, paso, o mérito).

4. Mantener un registro al día del cumplimiento de los requisitos de cada Misionerita mediante el uso de la Hoja de calificación para supervisoras.

5. Supervisar el trabajo de la consejera. Las niñas deben estudiar cada lección de la unidad para poder cumplir con los requisitos.

Preparación y capacitación

Liderazgo

Toda dama que aspire a trabajar como líder de Misioneritas sea como coordinadora, consejera, asistente, o supervisora, deberá cumplir con un entrenamiento para líderes, que consiste en una introducción al departamento y al grupo con que la líder trabajará.

◇ Escalera a las Estrellas

La aspirante a líder en el programa Escalera a las Estrellas debe leer los libros *Manual para consejera* y *Manual de estudio para consejeras*. Cuando termine la lectura debe completar el cuadernillo *Manual de entrenamiento para consejeras*. Finalmente, debe rendir el exámen para ser aprobada como líder en el programa Escalera a las Estrellas.

◇ Arco Iris, Margaritas, Rosas, Sociedad de Señoritas

La aspirante a líder en los demás programas del Departamento de Misioneritas deberá leer y estudiar el *Manual para consejeras* que corresponda. El manual incluye una sección general de información acerca del Departamento de Misioneritas, y una segunda sección específica acerca del programa para determinada edad. Después de leer y completar el *Manual de entrenamiento para líderes*, la aspirante rinde un examen. El examen tiene dos secciones: conocimiento del departamento general de Misioneritas, conocimiento del programa con que la líder trabajará.

Tanto en Escalera a las Estrellas como en los demás programas, después de rendir y aprobar el examen, la líder recibirá como reconocimiento el broche con la "L" (insignia de liderazgo).

Rangos de Capacitación

Una de las metas de una buena líder debe ser el crecimiento espiritual y la constante preparación para el trabajo. Con este propósito se diseñó un sistema de rangos de capacitación. La líder amplía sus posibilidades de servicio y enriquece su conocimiento.

Requisitos Rango Ester

1. Mínimo de un año de experiencia como coordinadora o consejera.

2. Cumplir con el curso de entrenamiento para el grupo de Misioneritas que dirige (Arco Iris, Margaritas, Rosas, Estrellas, etc.)

3. Completar la lectura de la Biblia, de Génesis a Apocalipsis.

4. Escribir una composición de 250 palabras o un poema con no menos de 16 versos acerca de "Lo que ha significado para mí ser líder de las Misioneritas".

5. Nombrar y escribir correctamente los libros del Antiguo Testamento y del Nuevo Testamento y explicar la idea central de cada libro.

6. Memorizar las siguientes porciones de la Biblia
   ◇ 1 Corintios 13
   ◇ Los Diez Mandamientos (Exodo 20)
   ◇ 1 Juan 4:7-21
   ◇ Las Bienaventuranzas (Mateo 5:1-12)
   ◇ Salmo 100

Nivel básico: Rango Ester

Aunque el sistema de rangos no es obligatorio, toda líder que acepte el desafío de la capacitación debe satisfacer los requisitos para el Rango Ester. La coordinadora de distrito (zona) o la coordinadora será quien verifique que la líder ha satisfecho plenamente los requisitos para obtener la insignia del nivel básico. Una vez que haya cumplido esta etapa, la líder puede continuar su capacitación en los rangos de nivel avanzado *(vea los requisitos en la página anterior)*.

Niveles avanzados de capacitación

Mucho nos complace saber de toda líder que ha obtenido el rango Ester. Esto no significa el final de su preparación como líder de Misioneritas, sino la continuación de su mejoramiento integral a través de los nuevos rangos de capacitación. Estos son optativos, las líderes pueden elegir en cuál trabajarán.

A continuación presentamos los siguientes rangos con su respectivo tema en desarrollo.

El cumplimiento de los requisitos debe ser verificado por un examinador. Debido al carácter específico de cada rango, la coordinadora puede recurrir a personas en la iglesia que tengan conocimiento de aquella área de estudio. Considere la sugerencia que se ofrece para cada rango.

Tema	Rango
Liderazgo y Relaciones Humanas	Dorcas
Campamento	Rebeca
Tesoros de la Biblia	María (hermana de Lázaro)
Fundamentos de la Fe	Juana
La dinámica del Espíritu Santo	Priscila
Femineidad y Castidad	Débora
Maternidad	María (madre de Jesús)
Métodos de Enseñanza	Eunice
Dedicación y Consagración	Ana (madre de Samuel)

1. Rango Dorcas

Este rango ofrece capacitación en el área del liderazgo y las relaciones humanas. El cuadernillo *Hazme una líder*, guía de estudio para este nivel de capacitación, ofrece principios que deben gobernar nuestro desempeño como líderes y nuestra relación con los demás. Este nivel de capacitación será de mucha ayuda para la líder que quiera perfeccionarse en su relación con otras líderes y con las mismas Misioneritas.

Requisitos Rango Dorcas

1. Participar en un curso de ocho horas acerca del tema "Hazme una líder."

2. Responder por escrito las preguntas planteadas en la primera parte del curso *Hazme una Líder* ("Líderes y liderazgo").

3. Completar las actividades presentadas en la sección del libro *Plan de auto-evaluación del temperamento* (pp. 26-28).

4. Leer uno de los libros que se sugieren u otro que trate de la formación espiritual y social del liderazgo. Completar un informe de lectura.

   Lista de libros

   Llevarse bien es un arte, por Cecil G. Osborne (Vida, 1980, 191 pp.)

   Trabajando juntos en armonía, por Donald A. Bell (CBP, 1974, 11 pp.)

   Personas, tareas, y metas, por Clara de Davis (ICI)

   Un líder no nace, se hace, por Ted W. Engstrom (Betania)

   La supervisión: cómo se logra en otros y en nosotros, por Allan Loy McGinnis (Editorial Mundo Hispano)

   Cómo ser el líder que debemos ser, por Leroy Eims (CLIE)

   Aprenda a ser líder, por G.S. Dobbins (CBP)

5. Después de estudiar el curso Hazme una líder, dictar un curso de ocho horas acerca del mismo tema, con asistencia mínima de cuatro participantes (líderes de Misioneritas, escuela dominical, C.M.E, u otros que funcionen en la iglesia local).

6. Redactar y analizar por lo menos tres casos de la vida real que tengan relación con el liderazgo y sus reacciones según el temperamento.

La coordinadora o el Consejo Local de Misioneritas puede pedir al pastor de la iglesia o persona encargada del departamento de educación cristiana que verifique el cumplimiento de los requisitos.

2. Rango Rebeca

El rango Rebeca, trata el tema "Campamento", creado para satisfacer la necesidad de que las misioneritas realicen actividades al aire libre y estén capacitadas en habilidades y conocimientos básicos para la supervivencia al aire libre. Alentamos a las líderes a que se preparen en este tema y den a su grupo de misioneritas la oportunidad de aprender las técnicas de campamento.

La coordinadora o el Consejo Local de Misioneritas puede pedir al comandante de Exploradores del Rey que verifique el cumplimiento de los requisitos para este rango.

Requisitos Rango Rebeca

1. Dar lectura completa del libro *Aventuras campestres*.
2. Estudiar los requisitos de las insignias "Primeros Auxilios", "Fogata", y "Carpa", y enseñar al grupo de misioneritas.
3. Tener como mínimo tres misioneritas de su grupo que hayan cumplido con los requisitos de las tres insignias de campamento.
4. Citar las actividades realizadas por el grupo de misioneritas para ganar sus nuevas insignias del tema "campamento" y escribir un informe de los resultados.

---

3. Rango María

El objetivo del rango María (hermana de Lázaro) es preparar líderes que motiven a niños y adultos al estudio y conocimiento de la Biblia. El material empleado para este propósito es el torneo bíblico "Guardianes del Tesoro".

Se sugiere que el encargado de educación cristiana de la iglesia, el pastor, o un maestro del instituto bíblico verifique el cumplimiento de los requisitos para este rango.

Requisitos Rango María

1. Estudiar el material del libro de preguntas *Guardianes del tesoro*, y prepararse para participar en forma individual (ver libro *Pautas para el instructor de guardianes del tesoro*, página 2).

   La participación individual debe ser tal como lo haría un niño o una niña.

2. Formar un equipo GDT de líderes y competir con otro similar.

   Antes de organizar una competencia, es aconsejable que la líder tenga oportunidad de vivir la experiencia de trabajar en equipo.

3. Estudiar el libro *Pautas para el instructor* y el *Libro de preguntas*.

a. Explicar...
   - cómo se organiza un torneo (pp. 5 y 6)
   - cómo se efectúa el torneo y los niveles de participación (p. 6)
   - qué se considera falta y penalidades (p. 10)
   - qué es "punto de orden" (p. 10)
   - cuándo se puede tener un receso (p. 10)
   - cómo se define al equipo ganador (p. 10)
   - qué es una situación de empate (p. 10)
   - el sistema de puntuación individual y por equipo (p. 11)
   - el uso de la tarjeta de puntuación (p. 11)
   - qué responsabilidades comparten los oficiales (p. 14)

b. Definir... (pp. 7-9)
   - pregunta simple
   - pregunta con guía
   - pregunta nula
   - respuesta correcta
   - respuesta incorrecta

c. Describir que hace... (pp.12-14)
   - el moderador
   - el árbitro
   - el anotador
   - el juez

4. Organizar un equipo de niñas para competir en un torneo de Guardianes del Tesoro.

---

4. Rango Juana

La capacitación en el rango Juana tiene como objetivo enseñar las 16 verdades fundamentales de la doctrina cristiana. El material empleado es *Fundamentos de la Fe*.

Como en el rango María, se sugiere que el encargado de educación cristiana de la iglesia, el pastor, o un maestro del instituto bíblico verifique el cumplimiento de los requisitos para este rango.

Nota: Se dará aviso cuando los demás rangos de capacitación se encuentren a disposición de la líderes.

Requisitos Rango Juana

1. Asistir a un curso *Fundamentos de la Fe* o estudiar el material en forma individual.

2. Cumplir todos los requisitos planteados para la aprobación del curso.

3. Enseñar *Fundamentos de la Fe* a un grupo de niños o adultos de la iglesia (escuela dominical, club bíblico, líderes de Misioneritas, Ministerio Femenino, clase de jóvenes, etc.).

4. Finalizar el curso con por lo menos 50% de los alumnos aprobados para recibir certificado.

5. Celebrar una ceremonia de clausura y entrega de certificados.

Uniformes e insignias de las líderes

Coordinadora

El uniforme de la coordinadora consiste en un traje color celeste: saco de manga larga y falda recta. Según el clima, se puede optar por el uso de un chaleco sin mangas en vez del saco. Completa la tenida una blusa blanca. El distintivo de coordinadora se coloca en la parte superior de la manga derecha *(1)* y el emblema-logo sobre el bolsillo superior izquierdo del saco o chaleco *(2)*. La coordinadora llevará un cordón dorado alrededor del cuello que la identificará como tal.

Consejera

El uniforme de la consejera es igual al de la coordinadora, con la excepción del color del traje que será conforme al grupo que dirige (celeste, Estrellas y Estrellas de Honor; rosado, Rosas; amarillo, Margaritas; verde, Arco Iris).

Asistente

El uniforme de la asistente consiste en una blusa blanca y una falda del color según el grupo con que trabaja. El distintivo de asistente se coloca en la parte superior de la manga de la blusa y el emblema-logo sobre el bolsillo izquierdo de la blusa.

Rango Ester

Tanto la coordinadora como la consejera podrán usar un uniforme azul marino cuando hayan completado los requisitos para el rango Ester y añadirán una insignia bordada bajo el emblema-logo de Misioneritas *(3)*.

Uniforme deportivo

Las líderes podrán usar un uniforme deportivo para las actividades recreativas y al aire libre. Esta tenida consiste en una camiseta de manga larga o corta y pantalón de tela de punto color gris, o, en vez de pantalón, falda pantalón gris. A este conjunto se prende el emblema-logo de Misioneritas y el distintivo del grupo con que trabaja.

Otros Rangos

Las líderes que cumplan los requisitos para otros rangos de capacitación usarán un broche en la solapa derecha *(4)*. Al broche añadirán barritas metálicas con el nombre del rango.

Insignia estudios bíblicos

A modo de estímulo y reconocimiento, aquellas líderes que completen estudios de instituto bíblico o preparación ministerial recibirán un broche que lucirán en la punta derecha del cuello del saco *(5)*.

Distintivo del grupo

Las consejeras y asistentes usarán el distintivo del grupo con que trabajan. Colocarán el distintivo en la parte superior del bolsillo izquierdo del saco *(6)*(sobre el emblema-logo de Misioneritas).

Insignia de años de servicio

El Departamento de Misioneritas reconoce a las líderes por sus años de servicio. Las líderes llevan estas insignias en la parte superior de la manga izquierda del saco (7). Las insignias por años de servicio son tres: 1 año, 5 años, y 10 años.

Insignia del país

Las líderes tienen la posibilidad de lucir una insignia en forma de semicírculo con el nombre de su país. Esta insignia se coloca en la parte superior de la manga izquierda del saco, a 3 cm de la costura del hombro (8), arriba de las insignias de años de servicio. Estas insignias son hechas a pedido. El mínimo que deberá ordenar es 340 unidades.

Líderes nacionales

Las líderes nacionales pueden ordenar un broche metálico que las identifique en su cargo. Este broche se coloca sobre el emblema-logo en la parte superior del bolsillo izquierdo de la chaqueta (9).

Vea el diagrama para saber cuál es la ubicación de todas las insignias y distintivos.

Ubicación de insignias y distintivos

Mangas derecha e izquierda, cuello, solapa, y bolsillo

Uniforme deportivo

5

ARGENTINA
8

1 — COORDINADORA, ASISTENTE, CONSEJERA

7

4

9 — Directora Nacional

Arco Iris

Margarita

Rosa

Estrella

Estrella de Honor

Soc. de Señoritas

6

2 — M

3 — ESTER

Ceremonia de instalación de las líderes

Una vez que el departamento nacional de Misioneritas declare establecido un grupo local, se celebrará una ceremonia de instalación para presentar oficialmente las líderes a la congregación.

La coordinadora será quien organizará esta ceremonia y la presidirá junto con el pastor de la iglesia. Si el grupo de Misioneritas local no tiene coordinadora, el pastor invitará una dirigente de las Misioneritas del distrito, o una dirigente del Ministerio Femenino de la iglesia o del distrito.

Voto de consagración de las líderes de Misioneritas

Exhortación a las líderes:

Consejeras y asistentes, consideramos un privilegio que Dios nos haya escogido para llevar su amor al mundo. Hemos sido escogidas para servir a Dios y a esta iglesia, con nuestro trabajo como líderes de Misioneritas. Por tanto en el nombre de Jesús y para su gloria, nos comprometemos a...

1. Enseñar la Palabra de Dios con amor y compasión. Creemos que la Palabra de Dios tiene la respuesta a los problemas de la sociedad actual. Debe ser compartida en todo lugar y en todo momento. Debe ser entregada con palabras y con el ejemplo. Debe ser acompañada de la unción del Espíritu Santo que recibimos mediante una vida de comunión con Dios.

2. Enseñar la Palabra de Dios con celo. De no haber sido por la crucifixión de Cristo, la humanidad estaría perdida. Por esta razón dedicaremos toda nuestra energía a llevar a las jóvenes a una relación personal con Jesucristo. Procuraremos ayudarlas para que amplíen su conocimiento y comprensión acerca de la salvación, la sanidad divina, el bautismo en el Espíritu Santo, y la segunda venida de Cristo.

La encomienda del cargo:

Conscientes de la importancia que tiene el Departamento de las Misioneritas para nuestra congregación local, y la necesidad de entrenar y preparar a nuestras niñas y jóvenes en la vida cristiana; conocedoras también de las necesidades morales, espirituales, y físicas de las niñas de nuestra iglesia y la comunidad, y teniendo en cuenta el papel vital que desempeñan las líderes en el alcance de la meta del Departamento de Misioneritas, encomiendo a ustedes el cumplimiento fiel de las responsabilidades y deberes de una _____ .

Respuesta (con la mano derecha en alto):

"Con la ayuda de Dios me esforzaré por cumplir fielmente mi responsabilidad de _____ _____ .

Nombramiento:

"En mi posición de _____ la nombro _____ de _____ "

PARA COMENZAR UN DEPARTAMENTO DE MISIONERITAS

¡Todas de acuerdo en organizar el grupo de Misioneritas! Lo que sigue es tener la aprobación del pastor y dar los pasos que se mencionan a continuación:

Nombrar una *Comisión Provisional*

La Comisión provisional tiene la función de organizar por primera vez el grupo de Misioneritas en una iglesia local. El pastor nombra a 3 ó 4 hermanas que seleccionarán a las componentes de la comisión definitiva o Consejo Local de las Misioneritas *(ver subtítulo "Consejo local de las Misioneritas" en la sección "Organización del Departamento de Misioneritas".)*

Esta Comisión provisional puede estar compuesta por funcionarias del Ministerio Femenino, diaconisas, la esposa del pastor, o cualquier otro miembro en plena comunión con la iglesia.

En la primera reunión de la Comisión provisional *(es posible que sea necesario celebrar más de una reunión):*

1. El pastor debe leer toda la información relativa a la organización de Misioneritas a nivel nacional y local, y dar a conocer el organigrama.

   Si por fuerza mayor el pastor no puede dirigir la reunión, debe designar a alguien que ocupe su lugar. El será informado de las funcionarias elegidas y dará su aprobación.

2. Durante esta reunión se nombrarán las siguientes funcionarias:

✧ *Consejeras* para los grupos que se han de formar

✧ Una o dos *asistentes* para cada grupo de Misioneritas (Arco Iris a Sociedad de Señoritas, si se piensa atender a todas las edades). Se recomienda asignar una asistente por cada ocho niñas.

✧ Una *supervisora* que evalúe y califique el cumplimiento de requisitos y puntos de las niñas. *(Ver sección "¿Quién puede ser líder?" para conocer las características que deben tener las líderes de las Misioneritas.)*

3. En esta reunión también se puede decidir el lugar, el día, y la hora de reunión cada semana.

4. Esta también puede ser una buena oportunidad para comentar acerca de los manuales que se necesitarán. Las damas podrán aportar ideas para recaudar fondos.

Seleccionar y adiestrar líderes

Una vez organizado, el Consejo Local de las Misioneritas será el que seleccione y adiestre las nuevas líderes. Las damas de la iglesia que se interesan en trabajar con las Misioneritas deberán presentar una solicitud. El Consejo Local evaluará a la aspirante según las características de la líder de Misioneritas *(ver sección "Características que considerar en la selección de líderes"),* y la aprobará para trabajar con las niñas. Una vez nombrada o aprobada, la aspirante a líder es presentada al pastor de la iglesia para una aprobación final.

El Consejo Local de Misioneritas entregará a la nueva líder los materiales que necesita para su preparación *(ver sección "Preparación y capacitación de las líderes").*

Fijar lugar y horario de reunión

El nuevo grupo debe tener acceso a una sala de reunión en el templo y un armario para guardar los materiales. Si es posible, el lugar de reunión debe ser adornado con afiches relativos a la unidad de estudio, trabajos de las niñas, insignias y emblemas en las paredes. El salón siempre debe quedar limpio, ordenado, y dispuesto para el uso de otras personas o departamentos de la iglesia.

Procure que los grupos de Misioneritas se reunan una vez a la semana como mínimo. Considere que casi todos los materiales han sido diseñados para dos años. Puede planear la sesión paralela a un culto para los adultos, o dejarla como una actividad después de la escuela o para el día sábado.

Elaborar un plan de financiamiento

La ofrenda es el financiamiento básico de las Misioneritas. Sin embargo la líder no debe esperar elevadas ofrendas; normalmente las niñas de esta edad no trabajan. El dinero que las niñas ofrendan debe ser administrado con responsabilidad.

Ofrendar no es una obligación, sino una disciplina que las niñas deben aprender; alabamos y agradecemos a Dios con lo que damos. Ninguna niña debe sentirse impedida de asistir a su grupo de Misioneritas por no poder ofrendar.

Las líderes pueden solicitar ayuda a la iglesia para financiar los cuadernos de trabajo de las niñas. Se puede organizar ventas especiales de ropa usada en buen estado, enseres del hogar, o artesanías y trabajos manuales. La meta es que cada Misionerita tenga su cuaderno.

Se aconseja que todos los grupos de Misioneritas envien el diezmo de sus entradas a la oficina del distrito, u oficina nacional. El diezmo puede enviarse con el informe del trimestre. El propósito de este diezmo es apoyar y promover la labor de Misioneritas en todo el país.

Hacer el pedido de materiales

Los materiales para Misioneritas son producidos por Generación XXI, Ministerio a los Niños. Tal como se dijo ya, la meta de GXXI es que cada misionerita en América Latina pueda tener su cuaderno de trabajo. Constantemente se estudian maneras de mantener el precio al alcance de las niñas. Las copias no autorizadas de materiales perjudican los esfuerzos que se hacen para alcanzar esta meta. Una copia siempre será de inferior calidad y más costosa que el original.

Solicite los materiales que necesita a la oficina nacional de Misioneritas. Si su país no cuenta con una comisión nacional, escriba a la siguiente dirección para solicitar información...

Trabajar en publicidad

Toda la iglesia debe saber que se dará inicio a las actividades de Misioneritas o de un cierto grupo de este departamento. Para anunciar el inicio de las reuniones, las líderes pueden enviar cartas a las familias de la iglesia, anunciar a los otros grupos de Misioneritas (Estrellas y Estrellas de Honor), y en las reuniones de niños y de los adultos.

También pueden hacer afiches para exhibir en las tiendas o lugares públicos cercanos al templo. Enviar tarjetas de invitación a la niñas de la iglesia y del vecindario. Motivar a las niñas para que inviten a sus amigas de la escuela.

¡Las líderes deben aprovechar todos los recursos disponibles y comunicar su entusiasmo!

Preparar la primera reunión

Lo más probable es que las madres de las niñas y otras damas ayuden gustosamente a decorar la sala y a preparar refrescos y golosinas. Se debe usar los colores que caracterizan a su grupo de niñas. Todos los padres deben ser invitados a la reunión de inaugural.

El día de la reunión, las líderes deben llegar temprano y, si es posible, vestir su uniforme. Conforme llegan, las niñas reciben un lápiz y el formulario de información que deben completar y entregar antes de irse. Este formulario ayudará a las líderes a conocer a las niñas: nombre de los padres y hermanos, dirección, aficiones, preferencias, etc.

La presencia del pastor o algún líder dará mayor solemnidad a esta primera reunión. El invitado debe prepararse para saludar, felicitar, y animar a las niñas.

La reunión comienza con un breve devocional. Una de las asistentes puede dirigir algunas alabanzas, otra puede leer una porción de la Biblia relativa a la ocasión.

Enseguida la consejera o la coordinadora de Misioneritas comunica el propósito de la reunión y explica a los presentes en qué consiste el departamento. Las niñas que se hayan inscrito con anticipación pueden recibir el cuaderno de trabajo para la alumna. La líder puede pedir a algunas niñas o asistentes que lean la promesa, el lema, el versículo, nombre los colores y explique el significado.

Se puede asignar al pastor de la iglesia o algún otro líder que presente un breve sermón de inspiración (10 minutos) relativo a la ocasión.

Por último, se anuncia el horario de reuniones y se invita a las niñas que no se hayan inscrito. La inauguración finaliza con oración. La reunión debe durar una hora aproximadamente. Después de ella los presentes podrán disfrutar de los refrescos y bocadillos.

Solicitar Carta Constitutiva

Una vez constituido el grupo, la coordinadora o consejera enviará una carta al departamento nacional de Misioneritas para solicitar formalmente el reconocimiento oficial mediante la Carta Constitutiva. La solicitud de la Carta Constitutiva se hace después de un mínimo de tres reuniones regulares.

Requisitos para otorgar Carta Constitutiva

1. Un Consejo Local de Misioneritas organizado.

2. Una consejera que haya terminado el curso de entrenamiento.

3. Un mínimo de cinco niñas que hayan cumplido los requisitos para ser miembros de su grupo.

4. Una cuota de inscripción mínima por cada joven, consejera y asistente. Cada país debe determinar el monto de esta cuota.

$\mathscr{M}$ argaritas

Contenidos del Tomo 1

INTRODUCCION

¡Felicitaciones! Usted se ha comprometido a una labor muy importante en el ministerio a los niños: la de ser consejera de Margaritas.

Tal vez usted se pregunte, ¿cómo haré para dirigir un grupo así? Este manual ofrece el material que la ayudará a cumplir con su responsabilidad. El programa de Margaritas está dirigido a niñas de 5 y 6 años. El material cubre un período de dos años y se divide en ocho unidades. Cada unidad abarca un período de tres meses. En cada clase las niñas tienen diversas actividades: cuento, historia bíblica, juegos, trabajo manual, cantos, y otros.

Antes de comenzar la unidad encontrará enumerados en la primera página los requisitos que la margarita debe cumplir al cabo de los tres meses.

La unidad se divide en tres enfoques (un enfoque por mes). La introducción al enfoque presenta las actividades que lo caracterizarán.

Cuando las margaritas completan los requisitos de una unidad, reciben la insignia de logro de la unidad y la lucen en la banda de su uniforme. En la página "Contenidos" encontrará los títulos de las unidades.

La consejera necesitará un *Cuaderno de la margarita*. Ambos materiales, *Manual para la consejera* y *Cuaderno de la margarita*, serán de utilidad cuando prepare la clase. La consejera debe conocer las actividades que las niñas deberán completar y estar preparada para ellas.

Si necesita saber acerca de otros materiales disponibles, consulte a su distribuidora local de materiales para Misioneritas o a n RDM (1722 S. Glenstone, #163, Springfield, MO 65804, EE.UU.).

Una consejera debe dispensar el tiempo, el compromiso, y la dedicación necesarios para un ministerio de buen éxito. Prepárese para su labor y permita que el Espíritu Santo obre a través de usted para que las niñas crezcan en Cristo. Ser consejera de Margaritas será una experiencia maravillosa. !Es un privilegio trabajar con las niñas!

CONOZCAMOS A LAS MARGARITAS

La líder que conoce las características de esta edad tendrá un mejor panorama de las habilidades y capacidades de las niñas.

Físicamente

Cada niña en su grupo de Margaritas es diferente y especial. Es normal que sean inquietas y no dejen de hacer preguntas.

Tienen dificultad para leer puesto que recién están aprendiendo. Cuando tenga un versículo que quiera que aprendan procure no desanimarlas con lectura; use visuales, repetición, mímica, etc.

Las margaritas son activas y están llenas de energía. Canalice esta energía en actividades constructivas y que sean del interés de todas. Recurra a la variedad para que las niñas no pierdan interés y comiencen a inquietarse. Cuando las niñas estén demasiado inquietas, haga que se paren, canten, y estiren los músculos.

Las reuniones de Margaritas han sido planificadas en torno a una serie de actividades. Adapte a su grupo el plan que se sugiere. Las niñas deben disfrutar cada segmento de la reunión de Margaritas.

Emocionalmente

Las margaritas atraviesan por problemas reales que las preocupan. La consejera puede ofrecer la seguridad que las niñas necesitan. Expresar el amor de Dios es importante para reafirmar afecto a la margarita. Evite las críticas delante de las demás niñas del grupo. Comente los problemas en privado.

Las emociones de una margarita pueden cambiar rápidamente. Puede enojarse y cinco minutos más tarde olvidar y estar feliz. Puesto que fácilmente se desanima, asigne tareas que pueda cumplir. Escoja actividades que no sean difíciles para las niñas.

Si una niña rehusa repetir el versículo para memorizar, no la obligue. Las niñas no deben sentirse presionadas a hacer lo que no pueden. Tampoco deben sentir que usted subestima sus habilidades.

Las margaritas tienen un tierno corazón. Aproveche esta sensibilidad pero cuide de no jugar con las emociones de las niñas. Enséñeles a compartir. Esta es una excelente edad para enseñar a las niñas acerca de misiones.

Socialmente

Es posible que la margarita no tenga costumbre de participar en una estructura social y se sienta incómoda al relacionarse con otras personas. Organice actividades en grupos pequeños para que las niñas aprendan a trabajar con otras personas y a considerar otras opiniones. Ayúdelas a disfrutar la compañía de las amistades.

Las margaritas a menudo conversarán acerca de temas que no tienen relación con aquello que se está tratando. Las interrupciones y este tipo de comentarios pueden hacer que usted se aparte del tema. En lo posible procure asociar lo que digan con el mensaje que usted quiere comunicar.

La atención de las niñas está básicamente centrada en ellas mismas; quieren siempre ser las primeras. Explique a las niñas la necesidad de turnarse para las actividades y la responsabilidad de ser "el primero". Use versículos bíblicos para explicar lo que significa ser un líder. Elogie las manifestaciones de generosidad y amabilidad que observe en las niñas. Ellas necesitan estímulo.

Mentalmente

Todas las niñas deben tener las mismas oportunidades para aprender y madurar. Las actividades en cada clase deben tener relación con la historia bíblica. No tema usar ejemplos como recurso para la enseñanza.

Las actividades en el *Cuaderno de la margarita* están diseñadas según la edad de las niñas. A esta edad se aprende mejor participando que escuchando. Ver, tocar, oler, u oir pueden ser más efectivos que una descripción verbal.

Las margaritas comienzan a desarrollar un sentido de independencia y es normal que quieran hacer algunas cosas sin ayuda. Elogie el esfuerzo y anímelas a continuar trabajando y hacer las cosas cada vez mejor.

La memoria de las margaritas es frágil, no espere que recuerden la lección de la semana anterior. Use dibujos u objetos para que recuerden detalles de la historia o el versículo para memorizar.

Espiritualmente

La margarita que vive en un hogar cristiano sabrá más acerca de los asuntos espirituales que una niña a la que nunca se le ha enseñado acerca de Dios. Observe las niñas de su grupo para determinar las características espirituales de cada una.

Las margaritas tienen una fe simple. Ellas creen que sus oraciones serán contestadas de inmediato. Usted debe explicar que Dios no siempre responderá como nosotras queremos; El sabe lo que es mejor para nosotras.

Las niñas disfrutan la repetición de las historias bíblicas. Enséñeles a confiar en Dios y su Palabra. Sea cuidadosa al enseñar; indique a las niñas si alguna historia no está en la Biblia.

Aunque las margaritas conocen la diferencia entre el bien y el mal, no lo aplicarán necesariamente a su propia conducta. Guíe a las niñas en el aprendizaje de los principios de la vida cristiana.

Las margaritas están en edad de aceptar a Jesús como Salvador. Sea cuidadosa en no forzarlas a hacer algo que no entienden. Prepárese para el momento cuando una niña exprese su deseo de aceptar a Cristo. Las niñas que no están preparadas para hacer esta decisión deben recibir ayuda con el fin de que entiendan mejor acerca de Jesús y la salvación.

Características de las margaritas	Cómo debe responder la consejera
Físicas	
· Le gusta usar las manos	Planee actividades manuales tales como modelar con masa, pintar con lápices o acuarela, etc.
· Tiene dificultad para coordinar movimientos	Planee actividades que no tengan mucho detalle y requieran mucha precisión; explique las actividades con claridad y paso por paso.
· Disfruta las actividades dinámicas	Busque juegos divertidos y que las ayuden en el aprendizaje (saltar, correr, coros con acciones, etc.).
Emocionales	
· Carece de dominio propio	No espere perfección; estimule la creatividad. Es de mucha ayuda que el grupo funcione según reglas claras aun cuando no estén escritas.
· Se desanima fácilmente	Evite actividades o proyectos largos y difíciles.
· Sus emociones son inestables	Cuando surja un problema espere unos minutos; dé tiempo para un cambio de conducta.
· Se frustra y desanima con facilidad	Evite exponerlas a situaciones que estén fuera de su capacidad. Procure animar en vez de criticar.
Sociales	
· Le gusta ser primera	Explique por qué es necesario establecer turnos para participar en las actividades. Explique también las responsabilidades de una persona que dirige.
· Todavía no sabe trabajar con otras personas	Use actividades en grupos pequeños para que las niñas aprendan a compartir y respetar.
· Le gusta mandar	No permita que ninguna domine a las demás. Haga que participen en actividades de cooperación.
· Quiere hacer muchas cosas al mismo tiempo	Dé la oportunidad para que decidan por una actividad y no la abandonen sin concluir.
· Le gusta conversar	Escuche y aproveche lo que la niña diga. Ayúdela a comprender que hay tiempo para hablar y tiempo para escuchar en silencio.
Mental	
· Aprende con ayuda de actividades	Provea una variedad de trabajos y actividades que se relacionen con el tema de la clase.
· Tiene dificultad para decidir	Evite presentar muchas opciones al mismo tiempo. Una vez que haya decidido, debe trabajar en la actividad hasta que la complete.
· Critica su propio trabajo	Procure que sus comentarios o elogios se basen en la verdad. Evite las exageraciones.
· Le gusta trabajar sin que la ayuden	Procure que el grado de dificultad de las actividades le permita trabajar sin la ayuda de un adulto.

Espiritual

· Cree que Dios la ama y cuida

Confirme esta fe; muestre el amor y el cuidado de Dios con sus acciones y palabras.

· Ve a Jesús como su amigo y ayudador

Dé oportunidades a fin de que las niñas hablen de lo que Jesús significa para ellas.

· Le gusta escuchar historias de la Biblia

Evite añadir a la historia bíblica detalles que no están en la Biblia. Identifique claramente aquellos elementos que incluya en la historia y que no son parte del relato bíblico.

· Sabe la diferencia entre el bien y el mal pero no la aplica a sus acciones

Explique que la diferencia entre el bien y el mal también se aplica a nuestra conducta. Use principios bíblicos como respaldo.

DISTINTIVOS Y EMBLEMAS DE LAS MARGARITAS

Distintivo de las Margaritas

El distintivo del grupo es una margarita de pétalos blancos y centro amarillo. Las niñas deben saber que el distintivo representa la voluntad de Dios: que sean tiernas y hermosas como una margarita. Si las margaritas obedecen y en todo hacen lo mejor que pueden, Dios hará que la vida de ellas sea bella para Él.

Colores

Amarillo y blanco que simbolizan el resplandor y la pureza. (Estos colores deben usarse para la decoración.)

Lema

"Las margaritas hablan de Jesús y su amor"

Versículo bíblico

"Hagan brillar su luz delante de todos" (Mateo 5:16 - NVI)

Promesa

"Seré buena, servicial, y feliz para que mi luz brille por Cristo"

Esta promesa está escrita en el reverso de la cédula de membresía de la margarita. Todas las niñas deben aprenderla y repetirla durante la reunión.

Coro lema (tono Do M)

Lindas las margaritas que hablan de Jesús,
Con vidas bondadosas comparten de su amor.
Margaritas hablan de Cristo, ¡cuánto amamos al Señor!
Somos felices, buenas ayudantes, creciendo en el Señor.

Cédula de membresía

Para ser aceptada como margarita y recibir una cédula de membresía, las niñas deberán cumplir dos requisitos:

1. Asistir por lo menos a tres reuniones en forma consecutiva
2. Aprender de memoria 2 de los siguientes 4 puntos
   · los colores de las margaritas y su significado
   · el lema del grupo
   · el versículo bíblico que las caracteriza
   · la promesa de una margarita

La cédula de membresía tiene espacio para el nombre de la niña y la firma de la consejera.

Uniformes

El uniforme de las margaritas consiste en un jumper amarillo, una blusa blanca, y medias blancas. Para complementar el uniforme, usarán una banda color amarilla donde prenderán el emblema-logo de Misioneritas, el distintivo de Margaritas, e insignias de logro. La ilustración muestra un jumper de talle largo y falda recogida o plisada que llega hasta la rodilla. La línea del cuello es redonda y se abotona sobre los hombros. La banda tiene 12 cm de ancho y el largo varía según la estatura de la niña.

La tenida deportiva se compone de una camiseta de manga larga y pantalón de tela de punto color gris. A este conjunto se prenderá el emblema-logo de Misioneritas.

UNIFORMES

Uniforme de la margarita

Uniforme deportivo

EL MANUAL PARA LA CONSEJERA

Todas las unidades de estudio para las Margaritas comienzan con una lista de los requisitos que la niña debe cumplir para obtener su insignia de logro. El propósito de los requisitos es que las niñas

★ memoricen la Palabra de Dios
★ desarrollen habilidades (de comunicación, manual, social, etc.)
★ apliquen principios bíblicos a la vida diaria

La lista comprende seis requisitos. En algunos casos se ofrece alternativas para un mismo requisito. Usted puede elegir la que mejor se aplique a su grupo.

Las unidades duran tres meses y cada mes presenta el tema con un enfoque diferente. A modo de introducción a las lecciones del mes, encontrará una página-resumen dónde se explica el propósito del enfoque, y las actividades para el mes.

Cada mes encontrará instrucciones para

★ un cartel de anuncios que presenta el enfoque del tema. En esta sección se indicará los materiales y el procedimiento para armar el cartel de anuncios.
★ un recipiente para la ofrenda a fin de que refuerce el aprendizaje.
★ una actividad especial en que las niñas participarán durante el mes.

PAUTAS PARA CELEBRAR UNA REUNION

Las margaritas son activas. La reunión debe ser planeada de tal manera que las niñas no pasen más de 10 minutos en una misma actividad. Alterne actividades pasivas y dinámicas.

El plan para cada reunión de Margaritas debe ser flexible. Procure siempre tener actividades y juegos adicionales. Consulte libros de juegos y escoja aquellos que se presten para enfatizar la verdad que presente en la lección. Si es necesario cambie el orden de los segmentos que forman la clase.

Preparemos

En esta sección se indica el pasaje bíblico que se estudiará durante la clase. Aunque sea repetitivo, vale decir que la preparación seria implica oración, lectura y estudio de la Biblia, investigación en otras fuentes de información (diccionario de la lengua, diccionario bíblico, enciclopedia, etc.), y planificación de la clase con todas sus actividades y la secuencia en que serán presentadas.

Durante la preparación usted también debe reunir todos los materiales que necesitará. Con este propósito se incluye la lista de materiales para la lección. Si usted decide cambiar una actividad, recuerde que también debe cambiar o añadir materiales. Provea también para cada semana los materiales básicos que siguen: marcadores, crayolas, o lápices de color; goma de pegar; tijeras; y lápices

para dibujar. Sería bueno tener algunas biblias para las niñas que no tienen una en casa.

Cuando prepare la clase recuerde que debe incluir la participación de la Margarita del Día. Las niñas de su grupo se turnarán para ocupar esta posición durante las clases. La Margarita del Día debe traer algún objeto especial para ella: un regalo, un trabajo manual, un hobby o afición, su mascota, una fotografía etc. y presentarlo frente a las demás. En su presentación debe señalar por qué ese objeto (o persona) es de importancia para ella. La presentación no debe extenderse más allá de cinco minutos. Además debe participar en la distribución de materiales, en el saludo de las visitas, y en otras tareas que usted asigne. La Margarita del Día debe sentirse importante y especial. Envíe una carta a los padres de la niña para que la ayuden en sus preparativos de Margarita del Día. *(Ver el modelo de carta en la página 11.)*

Empecemos

Las líderes siempre deben ser las primeras en llegar al salón de clase, por lo menos 15 minutos antes de empezar la clase. Salude a las niñas conforme llegan. Presente las visitas al resto de la clase; procure que la visita se sienta como en casa.

Permita que las niñas se muevan con libertad y orden. (Las margaritas pueden obedecer reglas.)

Durante este periodo ellas pueden trabajar en el cartel de anuncios del mes o en la actividad que se sugiere para complementar el tema de la clase.

Este también es un buen tiempo para que las niñas repasen los colores de las Margaritas y su significado, el lema del grupo, el versículo bíblico que las caracteriza, y la promesa (requisitos para obtener la cédula de membresía).

Este también puede ser el momento en que la Margarita del Día haga su presentación. Considere esta posibilidad sólo si la mayoría de las niñas llega a tiempo a la clase. Recuerde que usted es quien determina el momento en que la Margarita del Día expondrá frente a la clase.

Demos

El momento oportuno para la ofrenda puede ser antes que las niñas se sienten y se preparen para el resto de la lección. Evitará que extravíen el dinero o tengan monedas en las manos durante la clase. Explique a las niñas por qué damos ofrendas y agradezca su disposición a ofrendar. Haga énfasis en que dar es una manera de adorar a Dios.

Busque un lugar visible para poner el recipiente de las ofrendas, que sea un constante símbolo de la bendición de Dios.

Alabemos

Aprender las alabanzas para cada unidad debe ser una experiencia educativa, entretenida, y que invite a la adoración. Las alabanzas deben tener relación con la unidad. Investigue en las librerías cristianas acerca de música para niños de esta edad y haga su propio repertorio de nuevas canciones.

Algunas lecciones sugieren versos con los que se reemplace las palabras de algunas canciones tradicionales para niños. Usted puede seguir este ejemplo y usar otras canciones tradicionales con letra de su creación.

Usted puede enseñar las canciones en diversas maneras:

★ Use visuales relacionadas con la canción. Usted las muestra cuando enseñe la canción, las niñas pueden sostenerlas cuando ya hayan aprendido la letra.

★ Grabe la melodía para que las niñas canten junto con la grabación.

★ Organice una pequeña banda con instrumentos de percusión: panderetas, claves, triángulos, maracas, etc.

Aprendamos y Escuchemos

Aprendamos y Escuchemos presentan el tema de la clase mediante una historia bíblica y un cuento breve.

La sección Aprendamos tiene como propósito que las niñas aprendan principios de la vida cristiana mediante una historia de la Biblia. El material para la consejera sugiere algunas técnicas o formas de presentar esta historia (drama, títeres, y otros). Usted puede usar su imaginación y variar la presentación. Es importante que siempre señale la diferencia entre lo que está registrado en las Escrituras y aquello que es conclusión o suposición.

Escuchemos generalmente presenta una breve historia acerca de Cristina (una niña de la edad de las margaritas), una conversación con un títere, u otra historia ambientada en nuestro tiempo. El propósito de esta historia o diálogo es reforzar y aplicar la verdad bíblica que se presentó en el segmento anterior. Las niñas de esta edad tienen dificultad en relacionar sucesos del pasado con la vida diaria. Se ha procurado que la historia bíblica y la historia de aplicación formen una unidad.

La lista de materiales en la sección Preparemos incluirá lo que necesite para Aprendamos y Escuchemos.

En estos dos segmentos también encontrará el versículo de la Biblia que las niñas deben aprender de memoria. Usted notará que algunas lecciones lo incluyen en las dos secciones, otras sólo en Aprendamos o Escuchemos. Esto no quiere decir que ese sea el único momento en que usted deba repasar el versículo con las niñas, por el contrario, cada vez que tenga oportunidad haga que lo repitan. En el caso de las margaritas la repetición nunca está demás.

Aunque el desarrollo de la lección no presente una idea específica para enseñar el versículo, usted puede considerar las siguientes sugerencias:

★ Usar una palabra clave del versículo que las niñas digan en alta voz cuando usted use cierta expresión durante la historia.

★ Mostrar con gestos la idea central del versículo cuando usted use cierta expresión durante la historia.

☆ Repetir constantemente el versículo durante el desarrollo de la historia.

Oremos

El momento de la oración siempre debe invitarnos a la reflexión. Antes de orar llame la atención de las niñas a la verdad que aprendieron e invítelas a que oren en relación a ella. Cuando usted dirija la oración evite las palabras rebuscadas y expresiones del lenguaje religioso que son difícil de entender a esta edad. Use oraciones cortas y que expresen una sola idea. Las niñas seguirán su ejemplo y podrán dirigir el tiempo de oración en la clase y orar a solas en su casa.

Hagamos

Durante este segmento las niñas trabajarán en la actividad sugerida en el *Cuaderno de la margarita*. Procure dar tiempo suficiente para que completen el trabajo en la clase. Algunas de estas actividades son pasos al cumplimiento de los requisitos para obtener la insignia de logro.

Salgamos

Antes de ir a casa, las niñas deben traer a la memoria lo que aprendieron durante la clase. Una verdad bíblica debe quedar grabada en cada margarita. La sección Salgamos incluye una o más actividades de repaso. Estas pueden ser juegos, adivinanzas, cantos, preguntas y respuestas, etc. Estas sugerencias también pueden ser de utilidad si la reunión de Margaritas debe finalizar al mismo tiempo que otra reunión o actividad, o si las niñas deben esperar por algún adulto que las lleve a casa.

Hoja de progreso

Cada vez que la margarita complete un requisito de la unidad, la supervisora tendrá una entrevista con la niña a fin de evaluar su trabajo y motivarla a cumplir con lo que reste para obtener la insignia de logro. Esta debe ser una experiencia agradable para la margarita. Al finalizar la entrevista, la supervisora escribirá sus iniciales y estampará un sello junto al requisito en la hoja de progreso. Cuando complete todos los requisitos, la supervisora firmará al pie de la página y entregará a la niña la insignia de logro.

Materiales para la consejera

La consejera debe tener su *Manual para la consejera* y el *Cuaderno de la margarita*. Debe también obtener los materiales que necesitará para cada clase. Además de los materiales que se enumeran en cada lección, no olvide proveer lápices para dibujar y de color, goma de pegar, tijeras, y otros implementos básicos.

Varias semanas antes de iniciar una nueva unidad, se recomienda a la consejera que lea la unidad y haga una lista de los materiales que necesitará. Puede solicitar ayuda de los padres o demás miembros de la iglesia.

Unidades de estudio

El programa de Margaritas comprende 8 unidades de estudio. Las unidades son independientes una de otra. La consejera puede decidir con qué unidad comenzará a trabajar, sin temor de alterar la secuencia.

Es importante recordar que el material será inicialmente producido en tomos. Posteriormente se publicará un manual para la consejera y un cuaderno para la alumna que incluirá el contenido de los cuatro tomos.

Tomo 1: Compartir, Amar

Tomo 2: Cuidar, Crecer

Tomo 3: Agradecer, Dar

Tomo 4: Creer, Ayudar

El contenido de los cuatro tomos abarca dos años de estudio. Si la consejera sabe con anticipación que se ausentará, puede planear para que la asistente la reemplace y las niñas no se atrasen con el cumplimiento de los requisitos para obtener su insignia.

Una consejera de Margaritas debe estar dispuesta a atender a las niñas en forma individual. Las niñas que llegan a la mitad de una unidad necesitarán ayuda para cumplir los requisitos y obtener su insignia. Las margaritas necesitan supervisión, atención, y mucho afecto.

Tamaño del grupo

Si el grupo de Margaritas sobrepasa las 12 niñas, sería aconsejable organizar dos grupos paralelos. Será necesario contar con más damas que trabajen como consejeras y asistentes.

Apreciados padres,

Su hija ha sido nombrada la Margarita del Día para la próxima reunión.

La Margarita del Día debe traer a la clase un objeto de importancia para ella: un regalo, un trabajo manual, un hobby o afición, su mascota, una fotografía etc. y presentarlo frente a las demás. En su presentación debe señalar por qué ese objeto (o persona) es de importancia para ella. La presentación no debe extenderse más allá de cinco minutos. Además ayudará a distribuir materiales, saludar a las visitas, y otras tareas.

Muchas gracias por ayudar a su hija a preparar esta actividad.

Títere-oveja Lana Lanuda

Varias lecciones de la sección Escuchemos incluyen el títere-oveja Lana Lanuda. Usted puede usar el patrón provisto en esta página. Procure adornar el títere con color amarillo, ya que Lana Lanuda es una margarita. Como segunda posibilidad, usted puede confeccionar su propio títere-oveja en tela amarilla.

Las páginas 11 y 12 pueden ser fotocopiadas.

INSIGNIA COMPARTIR

REQUISITOS DE LA INSIGNIA

1. Saber cuáles son los colores de las Margaritas y su significado. Aprender el lema, el versículo bíblico, y la la promesa de las Margaritas.

2. Aprender y cantar con el grupo la canción lema de las Margaritas.

3. Aprender de memoria un versículo bíblico cada mes:

   "No se olviden de compartir" (Hebreos 13:16–NVI)
   "Que sean generosos, dispuestos a compartir" (1 Timoteo 6:18–NVI)
   "Voy a contarles todo lo que él ha hecho por mí" (Salmo 66:16–NVI)

4. Completar en forma satisfactoria las hojas de trabajo en el *Cuaderno de la margarita* que corresponden a la unidad "Compartir".

5. Participar en "Muestra y explica".

6. Compartir una manualidad con una amiga o juntar alimentos para alguién en necesidad.

JESUS COMPARTIO

PROPOSITO

El propósito de estas lecciones es mostrar a las margaritas que la voluntad de Jesús es que compartamos con los necesitados. Fuera con un niño, con un amigo, con desconocidos, o con enemigos, Jesús siempre estuvo dispuesto a compartir su tiempo, su talento, y sus enseñanzas. Cada clase debe motivar a la margarita a seguir el ejemplo vivo que Jesús nos dejó: "compartir con otros".

PASOS A LA META

1. Comenzar a memorizar los distintivos del grupo de las Margaritas.
2. Cantar la canción lema de "Las Margaritas".
3. Aprender de memoria el versículo bíblico Hebreos 13:16.
4. Participar en la actividad "muestra y explica".
5. Completar satisfactoriamente las hojas de tarea de este mes.

VERSICULO PARA APRENDER DE MEMORIA

"No se olviden de compartir" (Hebreos 13:16— NVI)

ACTIVIDAD ESPECIAL

Muestra y explica

"Muestra y explica" es una actividad atractiva y de beneficio para el desarrollo social de las niñas. Consiste en presentar ante la clase algún objeto o tema de interés personal. Pueden hablar acerca de un hobby, un personaje, un objeto, un lugar preferido, una experiencia o una anécdota. Esta actividad ayudará a las niñas a vencer el temor de hablar ante un grupo de personas. No obligue a participar a las niñas más tímidas; tal vez se sentirán más cómodas si usted les pregunta acerca de lo que han traído a la clase. Haga preguntas que puedan responder con un simple "sí" o "no".

Para mostrar cómo pueden hacer su presentación, la clase previa usted puede hacer una demostración de "muestra y explica". Traiga un objeto o artículo, y muestre y explique al grupo su origen y por qué es especial para usted. Durante la actividad las niñas podrán imitar su ejemplo y usted podrá ayudarlas con algunas ideas. Haga preguntas para estimular el intercambio de ideas. Indíqueles que si se trata de un objeto, lo pueden pasar de mano en mano para que todas lo vean de cerca.

Si alguna niña olvida traer un artículo para la actividad "muestra y explica", debe cumplir en la reunión que sigue o debe describir algún objeto del salón.

RECIPIENTE PARA LA OFRENDA

Para reforzar la idea de que Jesús compartió, este mes el recipiente para las ofrendas podría ser una taza o copa (cáliz), para simbolizar la que Jesús usó en la Ultima Cena con sus discípulos. Recuerde a las niñas que Jesús estuvo dispuesto a compartir de sí mismo en la Ultima Cena, y que nosotras debemos seguir su ejemplo. Ofrendar es una manera de compartir.

CARTEL DE ANUNCIOS

Recorte letras de cartulina para la oración "Bienvenida a las Margaritas" y péguelas al cartel de anuncios.

Durante la primera reunión, las niñas harán una flor con los patrones de la margarita que están en la página 16 y escribirán su nombre en la línea dibujada en el centro de la flor. Use una grapadora para sujetar la flor al cartel de anuncios.

Si es posible, en la primera clase tome fotos de las niñas. Recorte la fotografía en forma de círculo. Durante la segunda clase haga que las niñas peguen la fotografía en el centro de la margarita con su nombre. Si no es posible tomar fotos, pida que traigan una foto que tengan en casa o pueden hacer un dibujo a modo de autoretrato que pegarían en el centro de la flor.

MATERIALES

Provea cada semana los artículos básicos siguientes:

- Marcadores, crayolas, o lápices de color
- Tijeras (si es posible un par por niña)
- Goma de pegar
- Recipiente para la ofrenda
- Un lápiz para cada una

Cada lección incluye una lista de objetos específicos que se necesitarán durante la clase.

MARGARITA DEL DIA

"Margarita del Día" es una sección de la clase preparada para honrar a una niña del grupo en cada reunión. En la segunda reunión, haga que completen en el *Cuaderno de la margarita* el diagrama la "Margarita del Día". Cada una puede llevar esta hoja a su casa con el propósito de usarla como referencia para esta unidad.

La Margarita del Día es la auxiliar especial de la consejera durante la clase. Además, presentará a la clase algún objeto de importancia para ella. Asegúrese de avisar una semana antes a los padres para que ayuden a su hija a preparar la presentación. Si usted planea tener una merienda para las niñas, la Margarita del Día puede ser quien la distribuya.

Al principio de la reunión honre a la Margarita del Día y dé oportunidad para que presente el objeto que ha traído a la clase. Las demás margaritas o la consejera pueden preguntar en relación al objeto o artículo. Use este tiempo para conocer mejor a la Margarita del Día. Pregúntele acerca de sus hobbies, la escuela, y su familia.

Durante la primera reunión la Margarita del Día será la consejera o la asistente. Algunas de las actividades que puede desarrollar es guiar la memorización de los distintivos y del versículo bíblico, y dirigir la oración, si lo desea.

Bienvenida a las Margaritas

Ana Graciela Susana María Juanita Cristina Marcela

Centro de la margarita
(pegue una foto en este espacio)
Unidad 1: Compartir
Lección 1

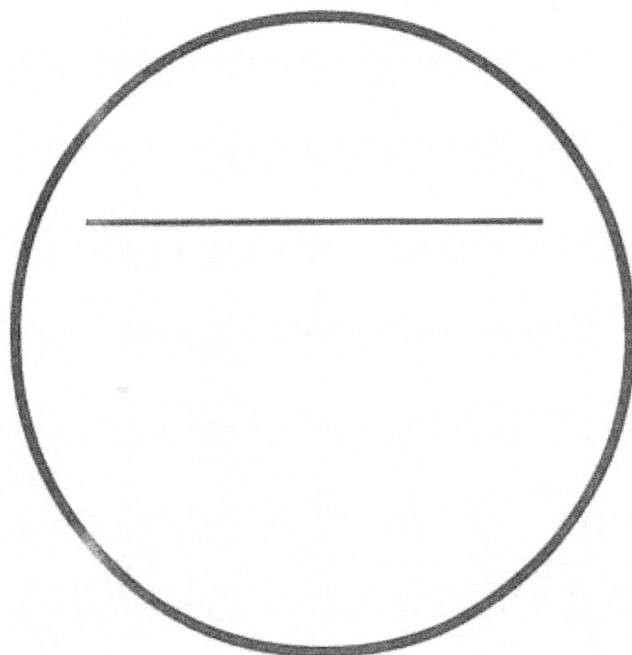

Pétalo de la margarita
(corte 8 para cada flor)
Unidad 1: Compartir
Lección 1

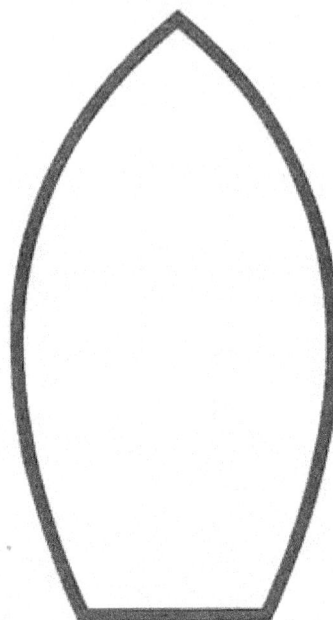

Rótulo para el nombre de la margarita
(corte una para cada niña)
Unidad 1: Compartir
Lección 1

Esta página puede ser fotocopiada.

JESUS COMPARTIO CON AMIGOS

PREPAREMOS

Trasfondo bíblico:

Mateo 26:17-29; Marcos 14:12-26; Lucas 22:7-20

Objetivo:

Las margaritas aprenderán que Jesús compartió con sus amigos y serán motivadas a hacer lo mismo.

Materiales para la consejera:

❑ Un rótulo y un alfiler para cada margarita *(ver la página 16)*

❑ Patrónes de la margarita *(ver la página 16)*

❑ Varias cartulinas de color blanco y amarillo

❑ Una cámara fotográfica con película (opcional)

❑ Un títere vestido como en los tiempos del Antiguo Testamento que caracterizará al apóstol Juan

❑ Pan y jugo de uvas

❑ Una fotografía de Cristina (una niña de 6 años)

❑ Un marcador

MARGARITA DEL DIA

Por tratarse de la primera clase, su asistente será la Margarita del Día. Ella la ayudará en las diversas tareas y traerá a la clase un objeto de importancia para compartir con las niñas *(ver explicación en las páginas 8 y 15)*.

EMPECEMOS

1. Dé la bienvenida a cada una conforme llegan. Escriba el nombre de la niña en un rótulo *(ver la página 16)* y préndalo con un alfiler a la blusa de la niña.

2. Provea los materiales con el fin de que cada niña haga una margarita para el cartel de anuncios, como se sugiere en la introducción a esta unidad. Cuando completen el trabajo y escriban su nombre en el centro de la flor, ayúdelas para que la peguen en el cartel de anuncios.

3. Si es posible, tome una foto de cada niña o pídales que traigan una foto pequeña la próxima clase. Dígales que podrán pegar su fotografía en el centro de la margarita.

4. Ayúdelas para que ordenen el cuarto y guarden los materiales que usaron.

DEMOS

Enseñe a las niñas la siguiente canción con el ritmo de "El patio de mi casa". (Hay una variedad de versiones de la misma canción; acomode las palabras que se sugieren a la versión que usted conozca.)

"Es hora de ofrendar
Nos vamos a alistar
Y a compartir alegres con todos los demás
Ahora sí, ahora sí, vamos todas a ofrendar
Qué alegría, qué alegría, vamos todas a ofrendar"

Continúe cantando hasta que todas las margaritas hayan depositado su ofrenda en el recipiente.

Provea una moneda a la niña sin ofrenda para que todas tengan la oportunidad de poner la suya en el recipiente.

APRENDAMOS

Muestre a las niñas un pedazo de pan y un poco de jugo de uva. Dígales que hoy usted tiene una visita muy especial que les contará una historia que se relaciona con estos dos objetos. Pídales que mantengan silencio para que el invitado sepa que ya están preparadas para escucharlo. El títere "Juan, el apóstol" hará su aparición. Este personaje compartirá la historia de hoy.

Jesús comparte una cena especial

Buenas tardes, niñas. Mi nombre es Juan y estoy muy contento de estar aquí con ustedes. Yo estuve con Jesús cuando vivió en la tierra. Fui uno de "los discípulos". Ibamos a todas partes con El, ¡había tanto que aprender! Jesús nos amaba muchísimo y compartió muchas cosas con nosotros. El era nuestro mejor amigo. Nos divertimos mucho. Comíamos con El; solíamos ir a pescar juntos; lo acompañábamos en sus viajes; y siempre teníamos tiempo para conversar y reírnos con El.

En Israel celebramos una fiesta muy importante llamada la "Pascua". Para celebrar, preparamos una cena con la familia y nuestros mejores amigos. Jesús quiso compartir esa cena con nosotros, sus mejores amigos. ¡Fue tan lindo saber que Jesús quería compartir esa fiesta conmigo!

Como El no tenía su propia casa, fuimos a una que en el segundo piso tenía una habitación para las visitas. ¡Nunca olvidaré esa cena de Pascua!

Jesús tomó pan y un vaso con vino. Nos dijo que ese pan representaba su cuerpo y que el vino era como su sangre. Al principio no sabíamos de qué estaba hablando. Suena medio raro, ¿no? Jesús compartió el pan y el vino con todos nosotros. Luego me di cuenta de que El estaba comunicándonos un secreto muy especial. Cuando compartió el pan y el vino, Jesús estaba diciéndonos que iba a morir, pero que también resucitaría.

Me hizo sentir muy triste saber que Jesús tendría que morir. El era nuestro mejor amigo, y lo extrañaríamos mucho. Pero El prometió que siempre estaría con nosotros y que viviría en nuestro corazón. ¡Qué alegría! Jesús no sólo compartió con nosotros cuando estuvo en la tierra; hoy El todavía comparte con nosotros. Yo estoy tan contento de ser un amigo de Jesús. Y tú ¿eres amiga de Jesús también?

(Esta sería una perfecta oportunidad para presentar el plan de salvación a las niñas que no han recibido a Cristo como su Salvador personal.)

ALABEMOS

Enseñe a las niñas una canción que se relacione con el tema "compartir". Si usted no conoce una canción nueva, indique a las niñas que se tomen de las manos y al compás de "Si todos trabajamos", canten la siguiente canción:

Si todos compartimos con otros, con otros
Si todos compartimos qué gozo será.
Mi (casa) es tu (casa)
Nuestra (casa) es de Dios.
Si todos compartimos, qué gozo será.

Una vez que canten la canción varias veces, pida a las niñas que piensen en otras cosas que podrían compartir. Cante la canción nuevamente mientras reemplazan los objetos que deben compartir (por ejemplo: manzana, pinturas, pelota, biblia, etc).

ESCUCHEMOS

Muestre la fotografía de una niña de seis años mientras narra la historia siguiente. Permita también que las niñas participen en la historia por demostrar las acciones en los paréntesis.

Compartiendo en la escuela

¡Qué contenta estaba Cristina! Las clases comenzarían el día siguiente. En la mañana, a penas sonó el despertador, Cristina saltó de la cama *(saltar)*. Inmediatamente se vistió *(vestirse)*. El desayuno estaba listo. Comió más rápido que de costumbre *(comer)*. Finalmente, llegó la hora de ir a la escuela. Cristina y su mamá caminaron juntas a la escuela *(caminar)*.

El aula estaba decorada con colores vivos y la maestra saludaba a todos con una amplia sonrisa *(saludar)*. Se les permitió a todos que escogieran donde sentarse. Cristina se sentó al lado de una niña llamada Juanita *(sentarse)*.

El día pasó rápidamente. Cristina estaba muy contenta de estar junto a Juanita *(sonreír)*. Ya comenzaban a ser buenas amigas.

La señorita Tobar pidió que todos los niños hicieran un dibujo de su familia para ponerlo en la pared *(colorear/dibujar)*. Cristina se puso tan contenta porque iba a usar sus marcadores nuevos; era el regalo que había recibido por ser su primer día en la escuela. Su dibujo se veía hermoso con todos esos colores tan vivos. Juanita también se esforzaba en hacer un lindo dibujo, pero ella tenía sólo un lápiz para dibujar y colorear. Cristina se dio cuenta que Juanita no tenía marcadores tan lindos como los de ella.

—Tú puedes usar mis marcadores si quieres —dijo Cristina ofreciéndolos cariñosamente a su compañera. Juanita respondió con una amplia sonrisa *(sonreír)*.

—¿De veras? ¿En serio que los puedes compartir conmigo? —le preguntó con entusiasmo.

—¡Claro que sí, Juanita! Jesús nos enseñó que

siempre debemos compartir con otros. Además, es divertido compartir con los amigos.

Las niñas hicieron hermosos dibujos y se alegraron mucho cuando la maestra Tobar los colgó en la pared (sonreír).

Cristina quería ir a casa y contar a mamá lo divertido que había sido su primer día en la escuela. Tenía una nueva amiga, Juanita. Estaba tan contenta de haber compartido los marcadores con su nueva amiga.

Mamá también estuvo muy feliz. Cristina hizo exactamente lo que nuestro versículo de la Biblia dice: "No se olviden de compartir" (Hebreos 13:16).

OREMOS

¿Que cosas podemos nosotras compartir con nuestros amigos? (Permítales responder.) Nosotras compartimos tiempo con nuestros amigos. Nos agrada jugar, ir juntos visitar lugares, y conversar. Jesús es nuestro amigo también. Juan nos contó en nuestra historia bíblica que cuando Jesús vivía en la tierra le gustaba pasar tiempo con sus amigos. ¿Pero sabían ustedes que todavía se alegra mucho cuando compartimos tiempo con El? Cuando oramos, compartimos palabras y tiempo con Jesús. La oración es un momento muy especial que tendremos cada semana durante nuestra reunión de Margaritas. Espero que todos los días ustedes tengan su propio tiempo de conversación con Jesús. ¿Cuántas quieren compartir con Jesús en oración cada día?

Ore por las niñas, exprese gratitud a Dios por cada niña en el grupo de las Margaritas.

HAGAMOS

1. Haga que busquen la página 11 en el *Cuaderno de la margarita* y que conecten los puntos. Haga que todas repitan el versículo para aprender de memoria. Después, haga que cada una trace su mano en la parte inferior de la página. Recuérdeles que deben usar sus manos para compartir con otros. Si desean pueden agregar una decoración al borde.
2. Lea el significado de los colores de las Margaritas en la página 12 del *Cuaderno de la margarita*. Pida que repitan las oraciones con usted. Luego lea las instrucciones para la hoja de trabajo. Permita que sugieran objetos de color amarillo que pueden dibujar. Por ejemplo, una banana, el sol, una flor, etc. Cuando terminen, deje que nombren objetos

de color blanco que puedan dibujar. Por ejemplo: un cordero, una rebanada de pan, una paloma, etc.
3. Anímelas a que trabajen juntas en la limpieza del aula.

SALGAMOS

1. Ore por las margaritas.
2. Haga que se sienten en círculo. Pueden jugar el siguiente juego hasta que lleguen los padres. Pase alrededor un marcador como el que tenía Cristina. Mientras el objeto circula, la que lo sostiene debe decir una palabra del versículo bíblico: "No se olviden de compartir" (Hebreos 13:16). La siguiente margarita debe decir la próxima palabra del versículo. Continúe este procedimiento hasta que todas hayan tomado varios turnos.
3. Dé gracias a las margaritas por su participación en las actividades. Dígales cuánto gozó compartiendo con ellas y que espera verlas de nuevo la semana próxima. Recuérdeles que deben practicar su versículo para aprender de memoria, los colores de las Margaritas, y que compartan con sus amigos lo que aprendieron esta semana. Conforme salen, pregúnte a cada una el nombre del amiguito o amiguita con quien va a compartir esta semana.

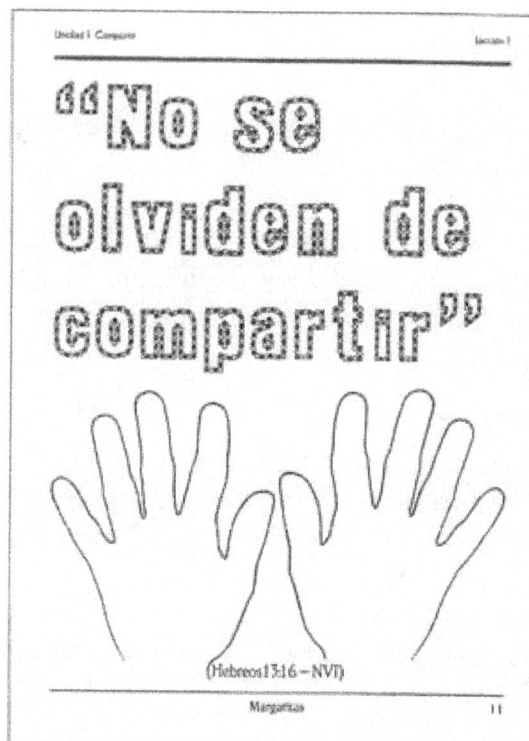

Unidad 1 Compartir   Lección 1

"No se olviden de compartir"

(Hebreos 13:16 – NVI)

Margaritas   11

JESUS COMPARTIO CON NIÑOS

PREPAREMOS

Trasfondo bíblico
   Mateo 19:13-15; Marcos 10:13-16; Lucas 18:15-17

Objetivo:
   Las margaritas aprenderán que Jesús considera importante a los niños y que ellas también deben considerar importante a los demás.

Materiales para la consejera:
❑ Opcional: Las fotografías de cada una, recortada en círculo
❑ Un rollo de cinta adhesiva
❑ Los patrones de la margarita *(ver la página 16)*
❑ Hojas de cartulina blanca y amarilla
❑ Dos hojas de papel para cada niña
❑ Pizarrón, tiza, y borrador
❑ Fotografía de Cristina
❑ Una cuerda de saltar
❑ Una bolsa de papel

MARGARITA DEL DIA

   Cuando prepare la lección, dé tiempo a que la Margarita del Día presente el objeto que trajo a la clase. Además planee actividades en las que ella pueda ayudar.

   Entregue la carta para los padres a la Margarita del Día de la próxima semana y recuérdele que durante la semana debe preparar la presentación de un objeto de importancia para ella.

EMPECEMOS

1. Si tomó fotos de las niñas la reunión anterior, conforme lleguen entregue a cada una su fotografía. Haga que la peguen en el centro de la margarita que hicieron en la reunión anterior.

   Provea los patrones de la margarita (centro y pétalo) y los materiales para las niñas que estuvieron ausentes. Pídales que traigan una fotografía para que la peguen en el centro de la margarita.

2. Dé a cada niña un marcador o lápiz de color y una hoja de papel. Luego pida que dibujen una figura hermosa. No deben conversar, compartir, ni mirar los dibujos de las demás. Después de dos o tres minutos, deles otra hoja de papel, pero esta vez dígales que si desean pueden charlar, compartir sus lápices, o mirar los dibujos de las otras niñas. Anímelas a que compartan. Una vez que hayan terminado, compare los dos dibujos. Haga énfasis en que cuando compartimos, todos nos beneficiamos. Cuando compartimos, nuestros dibujos son más interesantes y creativos, y además nos divertimos. ¡Siempre es bueno compartir!

3. Mientras trabajan, repase el versículo bíblico y los colores de las Margaritas. Marque en el *Cuaderno de la margarita* los requisitos que han cumplido.

DEMOS

   Pida que nombren unas maneras en que se usan las ofrendas. Cuando nosotras traemos nuestra ofrenda a la reunión de Margaritas, no sólo estamos compartiendo con Dios, sino también con las otras niñas en Misioneritas. El dinero que traemos aquí nos ayuda a todas nosotras y es una bendición para Dios también. Agradezca al Señor las ofrendas y dele gracias también porque con ellas se suplirán muchas necesidades.

   Mientras pasa el recipiente de las ofrendas, entonen la canción que aprendieron la semana pasada.

APRENDAMOS

   Siéntese en el piso o en una silla pequeña, e invite a las niñas a que hagan lo mismo en círculo cerca de usted.

Jesús comparte con niños

¿Alguien recuerda cuál fue la historia bíblica de la clase pasada? *(Deje que respondan.)* Aprendimos que Jesús compartió con sus amigos. El compartió una cena muy especial con ellos. ¡Qué lindo es poder ver el ejemplo que Jesús nos dejó! ¡El siempre estuvo dispuesto a compartir! Hoy vamos a aprender acerca de otras personas con las que Jesús compartió.

Un día la gente comenzó a traer niños a Jesús para que los bendijera. Los discípulos se enojaron y dijeron a la gente que se alejara y que no molestara a Jesús. Ellos veían que Jesús estaba muy ocupado y que probablemente no quería que los niños se acercaran e hicieran ruido.

Pero los niños no eran molestia para Jesús. El dijo a sus discípulos:

—Dejen que los niños vengan a mí.

Jesús tomó a los niños en sus brazos. *(Siente a una niña en su falda, o abrace a las que se encuentren más cerca de usted.)* El quería compartir su bendición con esos preciosos niños. No le importaba estar ocupado o la cantidad de gente que lo rodeaba. Jesús siempre tuvo tiempo para los niños.

¿Sabían ustedes que aún hoy Jesús se interesa en los niños? ¡A El le encanta compartir su tiempo con niñas como ustedes! Nadie es demasiado pequeño para Jesús; El comparte con todos sin excepción. Quiere también compartir con Marta, María, y Raquel *(use nombres de las niñas de su grupo),* y a El le gusta cuando nosotras compartimos con otros niños. Yo quiero compartir como Jesús lo hizo. ¿Alguien recuerda el versículo clave de este mes? "No se olviden de compartir" (Hebreos 13:16).

Jesús nunca se olvida de compartir con los niños, y nosotras tampoco debemos olvidarlo.

ALABEMOS

Pida que escojan las canciones que quieren entonar. Esta también es una buena oportunidad para enseñar la canción "Las Margaritas" que aparece en el *Cuaderno de la margarita.* En el pizarrón dibuje dos margaritas, un corazón, un rostro sonriente, y una figura con los brazos extendidos. Cuando al cantar pronuncie las palabras "margaritas", "amor", "felices", y "creciendo", señale estas figuras en el pizarrón. Escoja a algunas de las niñas para que dirijan las canciones. Indíqueles que hagan lo mismo que usted hizo.

ESCUCHEMOS

Muestre la fotografía de Cristina que usó para la lección anterior. Pregúnteles si recuerdan su nombre. Antes de la clase ponga una cuerda de saltar en una bolsa de papel. Las niñas deben descubrir lo que hay en la bolsa. Deles varias pistas. Cuando adivinen, saque la cuerda de la bolsa y úsela mientras narra la historia.

Cristina comparte con otros niños

Cristina disfrutó mucho su primera semana en la escuela. Cada día tuvo nuevas cosas que contar a su mamá. Habló de cada niño y niña y del proyecto de arte que hicieron para el aula. Cristina estaba entusiasmada por todas las nuevas cosas que estaba aprendiendo.

—Adivina qué jugamos hoy —dijo a su mamá.

—¡Hicieron saltar la pelota, tal como ayer! —respondió su mamá.

—No —dijo Cristina—, hoy hicimos algo nuevo.

—¿Pateaste la pelota?

—¡No, ni siquiera usamos la pelota!

—¡Me rindo! Dime, qué hiciste hoy.

Cristina quería que su mamá adivinara lo que ella hizo, y entonces le dio algunas pistas. Comenzó a saltar de arriba para bajo, y a mover los brazos como si estuviera girando con una cuerda.

—Jugaste a la cuerda —dijo la mamá.

—¡Sí! Fue muy divertido —respondió Cristina. Y contó a su mamá los detalles del juego a la cuerda.

—La profesora dividió la clase en grupos de seis. Cuatro grupos fueron al patio. Cada uno tenía una cuerda larga. Dos niños sujetaron los extremos de la cuerda para cada grupo. Juanita fue la primera de nuestro grupo en sostener la cuerda. Todos jugamos y compartimos la cuerda.

La mamá la abrazó y le dijo con ternura:

—Cristina, estoy orgullosa de ti. Jesús quiere que todos compartamos, y tú lo estás haciendo.

Al día siguiente, Cristina jugó con un grupo pequeño de niños. Cada uno tuvo su turno para sostener la cuerda, y todos tuvieron oportunidad de saltar con ella. La profesora dijo que al final de la semana, todos sabrían cómo saltar la cuerda. Cristina estaba muy contenta.

OREMOS

Vamos ahora a compartir un tiempo con nuestro mejor amigo, Jesús. Hoy aprendimos que a Él le gusta pasar tiempo con los niños. Es importante que nosotras también compartamos nuestro tiempo con Él.

Invite a cada una a compartir las necesidades. A medida que se mencionan las peticiones pida a una niña que ore por esa petición. Repita lo mismo con la siguiente petición. Procure que cada niña tenga oportunidad de orar. Concluya el tiempo de oración agradeciendo a Dios su deseo de compartir con las margaritas.

HAGAMOS

1. Pida a las niñas que lean la página 13 en el *Cuaderno de la margarita*. Anímelas a "leer" las figuras y las palabras de la canción "Las Margaritas". Disponga que coloreen las figuras.
2. Haga que completen las fechas en el programa de la Margarita del Día, página 14. *(Vea la explicación de la Margarita del Día en las páginas 8 y 15.)*

SALGAMOS

1. Repase la canción "Las Margaritas". Use las ilustraciones en el pizarrón. Cuando hayan repetido la canción varias veces, borre una de las figuras y haga que canten nuevamente. Continúe borrando figuras, y haga que cada vez comiencen de nuevo la canción.
2. Pida a las niñas que describan cómo Cristina y sus amigos saltaron la cuerda. Permita que jueguen a saltar la cuerda y que siempre recuerden que es bueno compartir con otros niños.
3. Conforme las margaritas salen, abrácelas y dígales que usted está contenta de tener la oportunidad de compartir con ellas.

JESUS COMPARTIO CON DESCONOCIDOS

PREPAREMOS

Trasfondo bíblico:
Juan 4:4-42

Objetivo:
Las margaritas entenderán que Jesús compartió con gente que no conocía y serán dasafiadas a seguir su ejemplo.

Materiales para la consejera:
- ❏ Un títere-oveja "Lana Lanuda" *(Ver la página 12)*
- ❏ Botones, lana, y retazos de tela para la tarjeta
- ❏ Un marcador

MARGARITA DEL DIA

Cuando prepare la lección, dé tiempo a que la Margarita del Día presente el objeto que trajo a la clase. Además planee actividades en las que ella pueda ayudar.

Entregue la carta para los padres a la Margarita del Día de la próxima semana y recuérdele que durante la semana debe preparar la presentación de un objeto de importancia para ella.

EMPECEMOS

1. Dé la bienvenida a las niñas conforme llegan. Si esta semana ve a alguna que asiste por primera vez, entréguele el material necesario para hacer la margarita que pegará en el cartel de anuncios. *(Ver la página 16).*
2. Para enfatizar la necesidad de compartir, escoja dos niñas y dígales que actúen como si no se conocieran. Entregue a las niñas objetos que las obliguen a interactuar. Por ejemplo, un lápiz sin punta y un sacapuntas. Pida a la que tiene el lápiz que escriba su nombre en una hoja de papel. La niña no podrá completar su tarea sin compartir.

   Para concluir la actividad enseñe a las niñas que aunque no conozcamos a alguien, es bueno estar dispuestas a compartir. Jesús compartió con toda clase de gente, aun con desconocidos, y nosotras también debemos compartir. Dé a cada niña oportunidad de completar una tarea en la que deba compartir. Considere las siguientes ideas:

- Abrir una lata de conservas: lata/abrelatas
- Unir dos hojas con una grapadora o corchetera: grapadora/dos hojas de papel
- Limpiar la mesa: esponja o paño seco/recipiente con agua
- Cortar un círculo: papel/tijera
- Servir a la maestra un vaso de agua: vaso/un recipiente con agua
- Abrir una botella de refresco: refresco/destapador
- Atar las zapatillas: zapatillas/cordones *(asegúrese de elegir una niña que sepa cómo hacerlo)*
- Escuchar música: grabadora/casete

DEMOS

Pida que nombren algunas maneras en que usamos las ofrendas. En la oración agradezca a Dios las ofrendas, la oportunidad de compartir con otros mediante la oración, y las muchas necesidades que serán provistas con las ofrendas.

Mientras pasa el recipiente de las ofrendas, entone con el grupo la canción de las ofrendas de este mes.

APRENDAMOS

Pida a su asistente u otra hermana de la iglesia que se disfrace de la mujer samaritana, y que refiera la historia.

La mujer en el pozo

¡Buenas tardes, niñas! Es tan lindo poder estar con ustedes hoy aquí. Voy a contarles una historia especial acerca de alguien que compartió conmigo hace mucho tiempo. Yo soy una mujer samaritana. En los tiempos de Jesús la gente judía no se juntaba con los samaritanos. Ellos hacían cualquier cosa para mantenerse lejos de nosotros. Si necesitaban pasar por nuestra ciudad, tomaban otro camino que se desviara de su ruta con tal de no pasar por nuestro lado.

En ese tiempo no teníamos agua en casa, así que llenábamos unos baldes grandes con agua que sacábamos de los profundos pozos que estaban fuera de la ciudad. Cierto día, cuando fui al pozo, me encontré con un hombre. Parecía estar cansado y con mucha sed. El pobre no tenía con que sacar agua del pozo para beber.

Cuando me acerqué al pozo, me pidió agua. El no hablaba como un samaritano y su manera de vestir era diferente. ¡Ese hombre era judío! ¡No podía creer que un judío me hubiera pedido agua! Los judíos siempre nos trataban muy mal. Como yo estaba tan extrañada, le pregunté:

—¿Por qué me pides que te dé de beber? ¡A mí, una samaritana!...

A pesar de ser judío, él era muy amable. Cuando repondió mi pregunta mencionó cosas de mi vida que yo jamás había dicho a nadie. Yo no podía entender cómo él sabía tanto de mí. A pesar de esas cosas tan feas, él fue muy amable conmigo. Finalmente me dijo quién era... ¡El era Jesús! ¡Yo estaba hablando con Jesús, el Hijo de Dios! No podía creer que alguien tan importante quisiera charlar conmigo, una mujer samaritana que había hecho cosas tan malas. Era la primera vez que conversábamos, pero compartió conmigo las más hermosas palabras. ¡Yo estaba muy contenta!

Jesús me dijo que El había venido para darme una nueva vida. ¡Qué cosa más hermosa para compartir! Corrí a mi pueblo y comencé a contar a todos lo que Jesús había compartido conmigo. Yo también quería comunicarles que Jesús podía darles una vida nueva. La gente de mi pueblo corrió al pozo dónde estaba Jesús. Muchos creyeron en El ese día.

Estoy tan agradecida porque Jesús, aunque no me conocía, compartió conmigo. El muchas veces se detuvo a conversar con gente desconocida, o con personas a las que nadie quería.

Yo quiero ser como Jesús, quiero compartir con personas aunque no las conozca. ¿Quisieran hacerlo ustedes también? ¿Qué pueden compartir? Si hay alguien en la escuela a quien no conocen bien, ¿creen que deben compartir con él o ella? (Permita que las niñas respondan a cada pregunta.)

Nuestro versículo para memorizar este mes habla de compartir. Dice: "No se olviden de compartir" (Hebreos 13:16). Jesús no se olvidó de compartir conmigo. El compartió muchas cosas con gente de toda clase. Espero que ninguna de nosotras olvide compartir. Repitamos juntas el versículo.

ALABEMOS

Pida que las niñas escojan sus canciones favoritas. Cante con ellas "Si todos compartimos" (Ver la lección 1) y otras canciones cuyo tema sea el compartir.

ESCUCHEMOS

Use el títere Lana Lanuda, un títere amarillo, o uno vestido del mismo color para contar la historia hoy.

Lana Lanuda aprende a compartir

Consejera: Lana, ¿dónde estás?

Lana Lanuda: Ya, ya voy. *(Lana levanta la cabeza, luego desaparece.)*

Consejera: Lana, ¿qué estás haciendo? Quiero que conozcas a unas niñas muy hermosas.

Lana Lanuda: No me gusta conocer gente.

Consejera: ¿Pero cómo vas a tener más amigos si no quieres conocer a nadie?

Lana Lanuda: Ellas no quieren ser mis amigas. ¿No te diste cuenta como me miraban?

Consejera: Es que ellas están ansiosas por conocerte. Ven a verlas, por favor.

Lana Lanuda: Está bien. No muerden, ¿verdad? *(Lana sale lentamente y observa el grupo.)*

Consejera: Te aseguro que no muerden.

Lana Lanuda: ¿Son estas las nuevas margaritas?

Consejera: Sí, Lana. Y cada una es muy especial.

Lana Lanuda: Ya veo. Ellas también tienen un vestido amarillo como el mío.

Consejera: Es cierto. Amarillo y blanco son los colores de las margaritas. ¿Pueden decir qué representan los colores? *(Permita que respondan.)*

Lana Lanuda: Son tan inteligentes. Las escuché cantar el coro lema. ¡Qué lindo cantan!

Consejera: Sí, cantamos y además de aprender, nos divertimos mucho.

Lana Lanuda: ¡Por eso todas parecen tan contentas!

Consejera: ¡Cierto, Lana! Al principio dijiste que no te gusta conocer gente.

Lana Lanuda: Me pongo nerviosa cuando tengo que conocer a alguien.

Consejera: Esta tarde escuchamos una historia de cuando Jesús conoció a alguien nuevo.

Lana Lanuda: ¿Se puso nervioso Jesús cuando le habló?

Consejera: No, Lana. A Jesús le encantaba hablar con nuevas personas. Siempre tenía cosas importantes que decirles. Pero a Jesús también le gustaba conversar con sus amigos y los niños.

Lana Lanuda: Jesús quería que todos aprendieran más de Dios, ¿verdad?.

Consejera: Cierto. Nosotras participamos en el grupo de las Margaritas porque queremos aprender más de Dios, y compartir también con otras niñas que no lo conocen.

Lana Lanuda: Estoy muy contenta que ustedes estén aquí hoy. Debo irme ahora. Diviértanse y aprendan mucho. *(Lana se retira.)*

OREMOS

Es bueno orar por nuestros amigos y familiares, pero también podemos orar por gente que no conocemos. Esa es una hermosa manera de compartir con otros. Hoy vamos a orar por necesidades especiales. Primero oraremos por nuestras necesidades en el grupo, y luego vamos a orar por la gente que no conocemos.

Si desean, las niñas pueden compartir sus necesidades con el grupo. Cuando oren por las necesidades, pida que pongan las manos sobre quien pidió oración. Explique que la Biblia instruye que debemos poner las manos sobre los enfermos y orar por ellos para que reciban sanidad. Permita que oren unas por las otras.

Venga preparada con varios pedidos de oración por personas que las niñas no conocen. Pida a las niñas que compartan con ellos, y que oren por sus necesidades.

HAGAMOS

1. Hoy las margaritas harán una tarjeta de saludos para alguien enfermo que no conocen personalmente. Antes de la clase hable con su pastor para obtener el nombre de alguien que esté enfermo. Asegure que sea una persona que las niñas no conozcan. La página 17 en el *Cuaderno de la margarita* es una tarjeta que las niñas prepararán. Haga que unan los puntos. Proveales novedades de costura para que hagan una cara en la tarjeta. Pueden usar botones para la nariz y los ojos, lana para el cabello y la boca, y retazos de tela para el hombro. Muéstreles cómo doblar la tarjeta por el medio. Ayude a cada una a escribir un mensaje dentro de la tarjeta. Conforme trabajan, dígales cuán satisfecha está usted de ellas que estén compartiendo con alguien que no conocen. Si puede, trate de acomodar el día para llevar a las niñas que entreguen las tarjetas.

2. Anímelas a que trabajen juntas en la limpieza del aula.

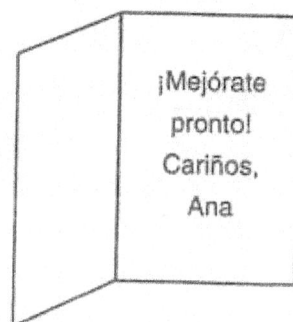

SALGAMOS

1. Subraye las principales actividades de la reunión mediante varias preguntas.

   ¿Quién puede nombrar una de las canciones que entonamos durante la reunión?

   ¿Quién puede repetir el versículo bíblico de este mes?

   ¿Cuáles peticiones se mencionaron para que oremos por ellas esta semana?

   ¿De quién se trató en la historia bíblica?

   ¿Qué compartió Jesús con la samaritana?

   ¿Cuáles son los colores de las Margaritas?

   ¿Qué representa el amarillo?

   ¿Qué representa el blanco?

2. Ore por las Margaritas.

3. Entregue a cada niña una copia de la carta a los padres dónde explica la actividad "Muestra y explica" de la próxima clase. *(Ver la página 15 del Cuaderno de la margarita)*

4. Dé gracias a las margaritas por su participación en las actividades. Dígales cuánto gozó compartiendo con ellas y que espera verlas de nuevo la semana próxima.

papel. Cuidadosamente dobló el papel en dos y comenzó a hacer un dibujo. Luego en letra grande escribió: "¡Mejórate pronto, Miguel!"

Una vez que terminó de dibujar la tarjeta, Cristina la mostró a su mamá. —Sé que no he sido muy amable con Miguel, pero he pedido a Jesús que me perdone. De hoy en adelante voy a compartir con Miguel. ¡Espero que se mejore y vuelva pronto a la escuela!

La mamá de Cristina satisfecha observó a su hija que corriendo llevó la tarjeta a la casa de Miguel. Cristina aprendió a compartir con todos, aun con un niño que no era amable.

OREMOS

Pida a las niñas que piensen en alguien que no es muy amable con ellas. Puede que sea un niño o un adulto. Dé a cada una un trozo de papel y pida que en secreto dibujen o escriban el nombre de la persona que tienen en mente. Recuérdeles que Jesús compartió con todos, aun con aquellos que hicieron malas cosas. Nosotros también debemos compartir con esa gente. Ayude a cada niña a pensar de qué manera ellas pueden compartir con esa persona durante la semana que viene. Una de las formas más efectivas en que podemos compartir es orar por ellos. Vamos a pedir a Jesús que nos ayude a compartir esta semana y bendecir a esa persona que hemos recordado.

HAGAMOS

1. Haga que coloreen el lema del grupo que se encuentra en la página 19 del *Cuaderno de la margarita*. Ayúdelas a pegar el lema en el cartel. Recorte el lema en seis o siete piezas grandes de rompecabezas. Haga que cada una arme su rompecabezas. Pídales que canten el lema de las Margaritas cada vez que una complete su rompecabezas. Dé a cada niña una bolsa plástica para que guarde el rompecabezas. Escriba el nombre de cada margarita en una etiqueta y péguela a la bolsa.

2. En la pagina 21 del *Cuaderno de la margarita* deje que las niñas llenen el árbol con impresiones digitales. Use témpera verde para que unten los dedos. En vez de pintura, pueden pegar trocitos de papel crepé de color verde. Pregúnteles si alguna vez han subido a un árbol. Conforme trabajan repita la historia bíblica. Cuando terminen, deles tiempo para que se laven las manos.

SALGAMOS

1. Las niñas pueden practicar el lema de las Margaritas con la ayuda del rompecabezas que hicieron en la sección "Hagamos".

2. Juegue a la "papa caliente". Pida que se sienten en el piso y que formen un círculo. Ponga música (alguna canción alegre) y diga a las niñas que pasen *la papa* de mano en mano, lo más rápido posible. Detenga la música. La niña que en ese momento tenga la papa en las manos tendrá que decir el nombre de alguna persona con quien Jesús compartió. Repita el juego varias veces.

3. Antes de despedir la clase, pida a las niñas que para la siguiente clase traigan alimentos secos, tales como pasas, maní, frutas secas, galletitas de chocolate, galletas de agua, cereal, coco rayado, u otros que tengan en casa.

4. Ore con las niñas.

5. Conforme salen, pida que le digan al oído el nombre de la persona con quien van a compartir en la semana.

YO COMPARTO

PROPOSITO

Las lecciones de este mes tienen como propósito animar las margaritas a compartir la una con la otra. Cada niña es única y especial, equipada con talentos que Dios usará para su gloria. Las lecciones de este mes ayudarán a las margaritas a considerar el valor que cada una tiene como persona. Mediante el testimonio y las acciones compartirán los talentos y habilidades que han recibido de Dios. Enfatice la actitud y el acto de compartir.

PASOS A LA META

1. Conocer todos los distintivos de las Margaritas.
2. Aprender de memoria y poner en práctica el versículo bíblico del mes.
3. Completar satisfactoriamente las hojas de tarea de este enfoque.

VERSICULO PARA APRENDER DE MEMORIA

"Que sean generosos, dispuestos a compartir" (1 Timoteo 6:18).

ACTIVIDAD ESPECIAL

Día de los talentos

Durante la lección 8 las margaritas tendrán oportunidad de demostrar el talento o interés de cada una. Quizá algunas saben tocar un instrumento, u otras tengan un pasatiempo favorito o una colección especial. La reunión previa al Día de los Talentos envíe una carta a los padres para solicitar ayuda en la preparación de las niñas.

RECIPIENTE PARA LA OFRENDA

Durante la primera clase, las niñas harán el recipiente en que depositarán las ofrendas del mes. Marque el contorno de las manos de cada una en una hoja de cartulina, pida que ellas recorten el dibujo y lo pequen en el exterior de una canasta. Este recipiente les recordará que deben usar las manos para compartir con otros.

CARTEL DE ANUNCIOS

Haga un cartel con la Promesa de las Margaritas. Use letras de cartulina y péguelas en el centro del cartel.

Al principio de la primera reunión, haga que completen la hoja "Quién soy yo" en el *Cuaderno de la margarita*, página 23. Luego, después que hayan hablado acerca de lo que escribieron o dibujaron en su cuaderno, ayúdelas a que peguen la página al cartel de anuncios.

COMPARTO MIS COSAS

PREPAREMOS

Trasfondo bíblico:

Mateo 14:14-21; Marcos 6:32-44; Lucas 9:10-17; Juan 6:1-13

Objetivo:

Las margaritas reconocerán el valor de compartir y serán desafiadas a practicarlo diariamente.

Materiales para la consejera

❏ Una hoja de cartulina para cada niña
❏ Recipiente para las ofrendas
❏ Canasta con 5 panes y 2 pescados de plástico o cartulina
❏ Títere-oveja "Lana Lanuda"
❏ Manzana, muñeca, cepillo de dientes, biblia, y caramelos (o remplace estos objetos con otros de su preferencia)
❏ Recipiente grande
❏ Dos cucharas grandes
❏ Bolsas plásticas
❏ Cinta y otros adornos para decorar las fundas

MARGARITA DEL DIA

Cuando prepare la lección, dè tiempo a que la Margarita del Día presente el objeto que trajo a la clase. Además planee actividades en las que ella pueda ayudar.

Entregue la carta para los padres a la Margarita del Día de la próxima semana y recuérdele que durante la semana debe preparar la presentación de un objeto de importancia para ella.

EMPECEMOS

1. Conforme llegan, haga que completen la hoja de tarea, "Quien soy yo" en el *Cuaderno de la margarita*, página 23. Lo más probable es que las niñas no sepan escribir o recién hayan comenzado a aprender. Ayúdelas a escribir el nombre y en forma simple responder las demás preguntas. Anímelas a trabajar en forma individual y a que esperen hasta que todas hayan terminado para mostrar su trabajo a las demás. Cuando finalicen la tarea, haga que las pongan en el cartel de anuncios *(Ver la página 29)*.

DEMOS

Hoy las margaritas ayudarán a hacer el recipiente para la ofrenda que usarán este mes. Recuérdeles que hemos hablado de compartir. Jesús nos dejó muchos ejemplos de cómo compartir. Nosotras también debemos compartir con otros. A veces usamos nuestras manos para compartir con otros. Tú usas tus manos para dar tus crayones a alguien que los necesita. También usas tus manos para compartir tu comida con alguien. Usas tus manos para compartir tu dinero cuando ofrendas.

Ayude a las niñas a dibujar sus manos en un pedazo de cartulina; recorte el dibujo y escriba el nombre de la niña. Pegue las manos en la caja, lata, o canasta que usará para las ofrendas del mes. Dé gracias a Dios por la oportunidad de compartir con El. Conforme las niñas depositan las ofrendas en el recipiente pregunte a cada una cómo podemos usar las manos para compartir con otros.

APRENDAMOS

Para ilustrar la historia, ponga 5 panes y 2 dos peces de plástico o papel dentro de una canasta.

El almuerzo de un niño

A Jesús le encantaba compartir con la gente. Un día, cuando estaba en Galilea, en una ciudad llamada Betsaida, mucha gente lo seguía. A pesar que Jesús estaba muy cansado, El decidió enseñarles y sanar a los enfermos.

El día pasó rápidamente y se oscureció. Jesús y los discípulos sabían que la gente tenía hambre. Ellos debían caminar mucho para llegar a sus casas, necesitaban comer algo antes de comenzar el viaje de regreso. Los discípulos dijeron a Jesús:

—Despide a la gente, para que vayan a los campos y pueblos cercanos y compren algo de comer.

Pero Jesús tenía otra idea. Dijo a los discípulos:

—Denles ustedes de comer.

¡Los discípulos no podían creer lo que Jesús había dicho! ¡Cómo darían de comer a tanta gente! No era simplemente 10 personas, ó 100 ó 1000. ¡Había mas de 5000 personas allí! ¿Dónde iban a conseguir comida para tanta gente? ¡Eso sería imposible! ¡Es posible que ni siquiera tuvieran dinero!

—¡Eso costaría el salario de ocho meses! —exclamaron—. ¿Quieres que vayamos y usemos todo ese dinero en pan para darles de comer?

Jesús no quería que sus discípulos usaran su dinero. El sabía que había otra manera de alimentar a la gente. Jesús les dijo que buscaran en la multitud alguien que tuviera un poco de comida.

Los discípulos después de buscar, encontraron un niño que tenía 5 panes y 2 pescados. *(Muestre a las niñas la canasta con el pan y el pescado.)* Imagínense cómo se debe haber sentido cuando los discípulos se acercaron y le pidieron que compartiera su almuerzo. Si él les daba su almuerzo quedaría sin comida. Pero estoy segura que este niño se daba cuenta que la gente necesitaba comida también. El fue generoso y entregó la canasta a los discípulos para que la llevaran a Jesús.

Los discípulos sabían muy bien que ese pequeño almuerzo no sería suficiente para 5000 personas, ni siquiera para 100, pero de todos modos lo llevaron a Jesús.

Cuando Jesús recibió la comida, agradeció a Dios y comenzó a compartir el pan y los pescados. *(Sostenga la canasta en alto como si estuviera agradeciendo a Dios por ella, y luego reparta el pan.)* Ellos repartieron la comida entre toda la gente que estaba allí sentada. Comieron y comieron hasta que todos estuvieron satisfechos. Después los discípulos juntaron lo que había sobrado; ¡llenaron 12 canastas de pan y pescado! Imagínense, ese sencillo almuerzo alimentó a 5000 personas y se llenó 12 canastas con lo que sobró, gracias a un niño que decidió compartir lo que tenía.

¿Cómo piensan que se sintió el niño? ¿Piensan ustedes que compartió con alegría? ¿Creen que Jesús se alegró cuando ese niño compartió su almuerzo?

¿Qué hubiera pasado si el niño no hubiese querido compartir? ¿Creen ustedes que Jesús se habría alegrado?

Nosotras podemos compartir así como hizo el niño de la historia. Quizá nosotras no tenemos peces y pan para compartir con un gran grupo, pero sí tenemos otras cosas que podemos compartir. Nuestro versículo del mes dice: "Que sean generosos, dispuestos a compartir". Cuando compartimos lo que tenemos somos generosas, tal como la Biblia nos dice que seamos. ¿Cuántas de ustedes están dispuestas a compartir? Digamos juntas el versículo.

ALABEMOS

A esta altura todas las niñas deben saber la canción "Las Margaritas", y "Si Todos Compartimos". Cante estos coros junto con otras canciones del agrado de las margaritas.

Para enfatizar el tema y el versículo del mes, enseñe a las niñas la siguiente canción al ritmo de "El gozo del Señor mi fortaleza es".

"Que sean generosos, dispuestos a compartir.
Que sean generosos, dispuestos a compartir.
Que sean generosos, dispuestos a compartir,
A compartir con todos los demás.

Si eres generosa, puedes tú saltar,
Si eres generosa, puedes tú pisar,
Si eres generosa, puedes tú gritar:
¡A compartir con todos los demás!"

ESCUCHEMOS

Use el títere-oveja "Lana Lanuda" que usó el mes anterior. Prepare una caja con una manzana, una muñeca, un cepillo de dientes, una biblia, y caramelos (o escoja objetos de su preferencia para remplazar estos pedidos en la historia).

Lana Lanuda comparte muchas cosas

Consejera: Me pregunto qué habrá en esa caja. ¿Pueden decirme? *(Permita que respondan.)*

Lana Lanuda: Puse en esa caja algunas cosas para compartir.

Consejera: Tengo mucho interés de saber cuáles son esas cosas.

Lana Lanuda: *(Saca una manzana de la caja. La consejera la sostiene.)* Aquí tengo una manzana para compartir.

Consejera: Lana, ¿cuándo compartirás esta manzana?

Lana Lanuda: Esta tarde, durante la hora de los bocadillos, o puedo compartirla con Patricia o la ovejita Susi.

Consejera: Es muy amable de tu parte que estés dispuesta a compartir tu manzana con nosotras y con tus amigas.

Lana Lanuda: *(Saca una muñeca de la caja y se la da a la consejera.)* Puedo compartir mi muñeca favorita.

Consejera: Compartir nuestros juguetes es bueno. Cuando tus amigas te visitan, necesitas compartir tus juguetes con ellas. ¿Qué más puedes compartir?

Lana Lanuda: *(Saca un cepillo de dientes y lo da a la consejera.)* Comparto mi cepillo de dientes. Cuando mis amigas vienen a casa y olvidan su cepillo de dientes, yo les presto el mío.

Consejera: El cepillo de dientes lo debe usar solo una persona. Niñas, ¿ustedes comparten sus cepillo de dientes? *(pausa)*

Consejera: Creo que es mejor que no compartamos el cepillo de dientes. Quizá podemos tener un cepillo de dientes extra que podemos compartir si la visita no tiene el suyo.

Lana Lanuda: Está bien, yo sé que no debo hacerlo. *(Saca de la caja una biblia y la da a la consejera.)* ¡Puedo compartir mi biblia!

Consejera: ¡Perfecto, Lana! En un momento usaremos la Biblia y si alguna olvidó la suya, podremos compartir, ¿verdad?

Lana Lanuda: Alguna puede usar la mía si la necesita.

Consejera: Gracias, Lana. ¿Es eso todo lo que tienes para compartir?

Lana Lanuda: No, tengo algo más. *(Lana Lanuda saca de la caja los caramelos y los sostiene.)*

Consejera: ¿Tienes caramelos para compartir?

Lana Lanuda: *(Asiente con la cabeza.)*

Consejera: ¿Puedo ayudarte a distribuir los caramelos? *(Lana Lanuda asiente con la cabeza. La consejera abre el paquete.)* Gracias, Lana, por compartir hoy con nosotros. Tú has aprendido bien la lección de hoy, "Que sean generosos, dispuestos a compartir." ¡Gracias por ser tan generosa con nosotras! ¿Quieres un caramelo antes de salir?

Lana Lanuda: Sí, gracias. ¡Adiós! *(La consejera coloca un caramelo en la boca de Lana Lanuda, y esta sale.)*

Antes de compartir el caramelo con cada una, pregúnteles si desean contar una experiencia acerca de compartir que hayan tenido en el hogar, en la escuela, etc.

OREMOS

Debemos disfrutar lo que Dios provee. Pida a las niñas que mencionen algunas cosas que Dios les haya dado. Cuando ore dé gracias a Dios por lo que las niñas han mencionado.

En la historia bíblica, escuchamos acerca de un muchacho que dio a Jesús todo lo que tenía. Jesús también dio todo lo que tenía. El murió en la cruz por nuestros pecados. Dios quiere que le entreguemos nuestra vida. El quiere que cada uno seamos mejores hijos suyos. Ore que cada una entregue su vida a Dios.

HAGAMOS

1. Hoy las margaritas prepararán un regalo para compartir con otra persona. Pida a las niñas que pongan en un recipiente los alimentos secos (pasas, maní, frutas secas, galletitas de chocolate, galletas de agua, cereal, coco rayado, etc.) que trajeron a la clase.

   Usted provea bolsas plásticas y cinta. Si es posible contribuya también con alimentos secos en caso de que algunas de las niñas no puedan cumplir. Dependiente del material que usted pueda conseguir en su país, cualquiera de estos objetos podría ser remplazado con otro tipo de comida seca.

   Dé oportunidad a algunas niñas de batir bien los ingredientes de la merienda. Otras pueden llenar las bolsas con un poco de la mezcla. Muestre a las niñas cómo atar las cintas con un moño o ayúdelas a hacerlo. Si desea, decore las bolsas con flores secas.

   Mientras trabajan felicítelas por su generosidad y deseo de compartir con otros. Pregunte a cada una con quien compartirá su regalo.

2. Las niñas completarán la página 25 del *Cuaderno de la margarita*. En el espacio provisto ellas dibujarán lo que compartirán con otra persona.

Aproveche la oportunidad para repasar con ellas el versículo del mes.

SALGAMOS

1. Haga que una niña represente con ademanes algo que pueda compartir (alimento, vestimenta, muñecas, pelota, cubos, libros, bicicleta, dinero). Pida que las demás descubran qué está representando. Continúe el juego hasta que todas las niñas hayan podido participar.

2. Conforme salen, pídales que digan a quién darán el regalo que prepararon.

COMPARTO MIS TALENTOS

PREPAREMOS

Trasfondo bíblico:
Hechos 9:36-42

Objetivo:
Las margaritas apreciarán sus talentos y serán animadas a compartirlos.

Materiales para la consejera:
❏ Hojas de cartulina para las niñas que no estuvieron presente la clase anterior
❏ Diversas prendas de vestir para la historia bíblica
❏ 2 retazos de tela para cada niña (suficiente para cortar los patrones de la página 27 del *Cuaderno de la margarita*)

MARGARITA DEL DIA

Cuando prepare la lección, dé tiempo a que la Margarita del Día presente el objeto que trajo a la clase. Además planee actividades en las que ella pueda ayudar.

Entregue la carta para los padres a la Margarita del Día de la próxima semana y recuérdele que durante la semana debe preparar la presentación de un objeto de importancia para ella.

EMPECEMOS

Conforme llegan, indíqueles que deben completar la página 25 del *Cuaderno de la margarita*. Mientras trabajan, invítelas a compartir algo que a ellas les gusta hacer cuando juegan, en casa, y en la iglesia. Si alguna de las niñas no puede pensar en algo, usted nombre algunas cosas que ellas hacen bien. Pida que todas participen. Por último, pida que en el espacio "Mírame" dibujen algo que ellas saben hacer bien. Después cada una hablará de lo que puede hacer.

DEMOS

Si alguna niña no estuvo la semana pasada, haga que dibuje sus manos en una cartulina y las pegue junto a las demás en el recipiente de la ofrenda.

Diga que Dios ha dado a cada una un talento especial. Una manera de agradecer a Dios es ofrendar. Pida que cada una, mientras deposita su ofrenda, dé gracias a Dios por las habilidades especiales que El le ha dado.

APRENDAMOS

Provea a cada niña una prenda de vestir para usar en el momento apropiado durante la historia.

Tabita

Tabita era una mujer talentosa y amable. Ella era costurera y sabía cómo hacer lindos vestidos. Podía hacer hermosos mantos, lindas blusas y delantales. *(Describa cada una de las prendas y haga que las niñas se paren y muestren la prenda que usted mencione.)* ¡Qué precioso talento Dios había dado a Tabita!

Tabita amaba mucho a Dios. Ella sabía que había mucha gente necesitada en su ciudad y quería compartir con ellos. ¿Qué podía compartir Tabita? ¡Su especial talento de coser! Ella siempre cosía ropas para las viudas y otra gente pobre. Tal vez hizo hermosos mantos, blusas, vestidos, y delantales. *(Las niñas que tienen las prendas deben pararse.)* Tabita entendía muy bien qué significaba ser generosa, dispuesta a compartir.

Un día, Tabita enfermó y murió. Las mujeres y los niños que ella ayudaba lloraron de tristeza por su muerte. Quizá se preguntaban si alguna otra persona les amaría tanto como Tabita. Su amiga estaba muerta y, por cierto, la extrañarían mucho.

Pedro, uno de los discípulos de Jesús, viajaba cerca de Jope cuando Tabita falleció. Cuando los amigos de Tabita supieron que Pedro estaba cerca, enviaron dos hombres para pedir que él fuese a Jope. Pedro fue con estos hombres a Jope.

El cuerpo de Tabita había sido puesto en una sala. Los hombres llevaron a Pedro hasta donde habían puesto a Tabita. Las viudas lloraban y mostraban a

Pedro los vestidos, las blusas, los delantales, los mantos, que Tabita les había hecho. *(Que las niñas muestren sus prendas una vez más.)*

Tabita había sido muy generosa. Ella había compartido sus talentos y la gente la amaba y la extrañaría mucho. Pedro pidió que todos salieran del cuarto. Entonces se arrodilló y oró. Luego dijo: —Tabita, levántate.

Tabita abrió los ojos, y al ver a Pedro, se incorporó. El la tomó de la mano y la levantó. Después llamó a las viudas y a todos los que amaban a Tabita.

¿Imaginan lo contentos que todos estaban? ¡Tabita había muerto pero ahora vivía, había resucitado!

Yo quiero ser como Tabita, generosa y dispuesta a compartir mis talentos. Dios nos ha dado a cada una talentos especiales que podemos usar para ayudar a otros. ¿Quieres compartir tus talentos? ¿Cuáles son algunas de las maneras en que puedes compartir con otros? *(Permita que las niñas respondan su pregunta.)*

ALABEMOS

Cante con ellas canciones que hablen de compartir. Recuérdeles que compartir nuestros talentos es una manera especial en que podemos ser generosos con otros. Dígales que simulen ser un coro de niñas. Haga que se pongan en fila y que canten una de sus canciones favoritas. En la historia de hoy Cristina cantará en el coro.

ESCUCHEMOS

Cristina canta

¡Qué bien la estaba pasando Cristina! Cantar en el coro de la iglesia era una de las cosas que más le gustaba hacer. La hermana Sonia era muy buena y enseñaba canciones divertidas a las niñas. Algunas de ellas se cantaban con acciones, como levantar las manos, saltar, etc.

Aquel día cuando terminaron de practicar, la hermana Sonia felicitó y abrazó a cada una conforme iban saliendo. Cristina tomó su abrigo y se preparó para salir con las demás, pero la hermana Sonia la llamó:

—Cristina, ¿podrías quedarte un momento? quiero conversar contigo antes que te vayas.

Cuando todas salieron la hermana Sonia se sentó cerca de ella.

—Cristina, te he escuchado cantar, y reconozco que Dios te ha dado un regalo especial. ¡Tienes una voz hermosa! Me gustaría que practiques una canción para que en nuestro próximo programa cantes un solo a la congregación.

Cristina no podía creer. ¿Yo, cantar sola? Era lindo y divertido cantar con todas las niñas, ¡pero cantar completamente sola! Todos la mirarían solo a ella. Temblaba de tan sólo pensar.

La hermana Sonia pudo ver el nerviosismo en los ojos de Cristina. —¿Qué pasa Cristina? ¿No te gusta cantar?

—Sí, —exclamó Cristina—, pero no sola.

La hermana Sonia sonrió y la abrazó. —Yo sé que da miedo cantar sola, pero tú tienes un talento especial que puedes compartir con otros. Sería triste que escondieras ese talento sin compartirlo con otras personas.

Cristina recordó en ese momento el versículo de memoria de las Margaritas: "Que sean generosos, dispuestos a compartir" (1 Tim. 6:18). Ella quería compartir, pero todavía le daba miedo.

La hermana Sonia sabía que Cristina estaba temerosa. —¿Te gustaría que oremos y pidamos a Jesús que te ayude a no tener miedo? Jesús te ayudará a compartir si tú lo pides.

Cristina y la hermana Sonia inclinaron para orar. La hermana Sonia oró: "Querido Jesús, tú has dado a Cristina un don especial, una voz hermosa para cantar. Gracias, Señor, por ese don. Cristina quiere compartirlo con otros, pero está un poco temerosa. Ayúdala, por favor, a tener valor para compartir su talento con otros. ¡Amén!"

Cuando Cristina abrió ojos y miró a su maestra, ¡ya no tenía miedo!

—Haré lo mejor que pueda —dijo Cristina y abrazó a la directora del coro—. Yo quiero compartir mis talentos con otros.

Cristina salió corriendo y cantando. Estaba contenta de que Dios la ayudaría a compartir con otros.

OREMOS

Haga que cada una complete la frase, "Gracias, Dios, porque puedo..." Recuérdeles que deben dar gracias a Dios por las habilidades que El ha dado a cada una. Concluya con una oración de gracias por el talento que Dios ha dado a cada una.

HAGAMOS

Pida que hagan la actividad en la página 27 del *Cuaderno de la margarita*. Primero deben recortar el patrón del vestido. Muestre cómo sujetar el patrón sobre un retazo de tela. Ayúdelas a recortar la tela. Después deje que cada una pegue las vestimentas en las figuras de la página 27. Mientras trabajan, repase la historia de la Biblia, cómo Tabita compartió las prendas que ella cosió.

SALGAMOS

1. Use las vestimentas de la historia bíblica para un juego. Las niñas se pararán en una fila. Ponga las prendas sobre las sillas. Cuando dé la señal, la primera niña correrá hasta la silla, se pondrá la ropa, y luego correrá alrededor de la fila de niñas. A medida que ella corra, el resto de las niñas recitará el versículo para memorizar. Cuando terminen de repetir el versículo, la niña volverá a la silla, se sacará la vestimenta, y la dejará sobre la silla. Luego volverá a la fila y la siguiente podrá hacer lo mismo. Continúe hasta que todas hayan participado. Si tiene una clase numerosa, divida el grupo en dos y pueden jugar como si fuera una carrera.

2. Explique a las niñas que habrá una presentación de talentos. Cada una deberá practicar en casa para compartir un talento con otra margarita. Converse con ellas acerca de los talentos que podrían presentar. *(Ver la página 29)*. Anime las niñas a escoger algo que nadie haya elegido todavía, pero no insista en que las actividades sean diferentes. A esta edad las margaritas se sentirán mejor si hacen algo que otras también hacen.

3. Cuando salgan, pregunte a cada una cuál será el talento especial que compartirá con la clase en la presentación de talentos.

COMPARTO MI TIEMPO

PREPAREMOS

Trasfondo bíblico:

Hechos 13 y 14

Objetivo:

Las margaritas entenderán que Dios quiere que compartamos nuestro tiempo con otros y estarán dispuestas a hacerlo.

Materiales para la consejera:

❏ Revistas viejas, tarjetas de saludos, periódicos, u otros publicaciones con fotografías
❏ Un pliego de cartulina
❏ Un globo terráqueo o mapamundi
❏ Títere-oveja "Lana Lanuda"
❏ Un sujetapapel pequeño para cada niña
❏ Cartas para anunciar el "día de los talentos"

MARGARITA DEL DIA

Cuando prepare la lección, dé tiempo a que la Margarita del Día presente el objeto que trajo a la clase. Además planee actividades en las que ella pueda ayudar.

Entregue la carta para los padres a la Margarita del Día de la próxima semana y recuérdele que durante la semana debe preparar la presentación de un objeto de importancia para ella.

EMPECEMOS

Distribuya las revistas, tarjetas de saludos, diarios, u otros materiales con fotos. Conforme llegan, pida a las niñas que busquen fotos de gente con la que ellas puedan compartir. Las niñas recortarán y pegarán las fotos en un pliego de cartulina. Entre todas deberán cubrir el pliego de cartulina con fotografías. Mientras trabajan, haga preguntas como: ¿Quiénes son algunas de las personas con que podemos compartir? ¿Cuándo podemos compartir con esa gente? ¿Podemos compartir en la mañana? ¿Podemos o no compartir cuando estamos ocupados? ¿Les parece que podemos compartir cuando estamos en la escuela? ¿Podemos compartir cuando jugamos? ¿En qué otros momentos podemos nosotras compartir?

DEMOS

Diga a las niñas que en este momento compartirán sus ofrendas. Recuerde, si hay alguna niña nueva haga que dibuje sus manos y las pegue en el recipiente de la ofrenda. Pregúnteles cuáles son otras ocasiones en que ofrendamos. Quizá traigan una ofrenda a la Escuela Dominical o al culto de niños. Hay muchas oportunidades en que podemos compartir nuestra ofrenda con Dios. Pida que cada una ponga el dinero en el recipiente, y diga: "gracias, Dios, porque puedo compartir".

APRENDAMOS

Muestre el globo terráqueo o mapamundi. Señale en el mapa dónde es que ellas viven, luego muestre dónde quedan los países que Pablo visitó. Hoy vamos a hablar de alguien que viajó muy lejos para compartir con otros.

El viaje misionero de Pablo

Pablo amaba mucho a Dios y creía que Jesús era el Hijo de Dios. Pablo invitó a Jesús a venir a su corazón. El sabía que Dios quería que todos conocieran a Jesús, y que lo aceptaran como Salvador personal. Pablo quería compartir este mensaje con la gente.

¿Cómo pudo Pablo compartir con la gente? El hacía tiendas, ese era su trabajo. El usaba cuero de animales u otros materiales. Con sus propias manos el cosia el material. Usaba punzones para hacer agujeros, hilo y agujas para coser. Abajo y arriba, abajo y arriba iba la aguja *(Que las niñas simulen estar cociendo)*. En esos días ellos no tenían máquinas de coser. Coser a mano tomaba mucho tiempo: arriba y abajo, arriba y abajo,... *(Las niñas pueden continuar "cosiendo".)*

Pablo podría haber seguido haciendo tiendas y carpas, pero él también quería compartir su tiempo con otros. Dios quería que Pablo compartiera su tiempo en una manera especial.

Pablo comenzó a visitar diversos lugares. El Nuevo Testamento nos muestra que él fue el primer misionero. Un misionero es aquel que deja su ciudad para ir lejos a compartir de Jesús. A veces Pablo viajaba en barco a esos lugares. *(Las niñas pueden hacer de cuenta que estuvieran remando en una galera en el agua.)* Pablo viajaba largas distancias para llegar a esos lugares. *(Las niñas pueden hacer mímicas con el dedo índice y el mayor como si estuvieran "caminando".)* En aquellos días no había buses, autos, aviones, o trenes. Pablo pasaba días, semanas, y meses en botes *(reman)* o caminado *(caminar con los dedos)*, pero a pesar de todo el iba porque quería compartir su tiempo con otros.

Uno de los lugares que Pablo visitó fue Listra. Allí vivía un hombre que nunca había caminado. Estaba sentado, escuchando a Pablo. Cuando Pablo notó que este hombre quería ser sanado, ordenó con voz poderosa:

—¡Párate y enderézate! —El hombre saltó y empezó a caminar.

¡Imagínense qué alegría debe haber sentido este hombre! El caminaba por primera vez en su vida, todo porque Pablo compartió su tiempo con él.

Pablo no dudó en compartir su tiempo con otros, él sabía que esto agradaba a Dios. El podría haber quedado en casa haciendo carpas. Hasta se podría haber hecho rico confeccionándolas. Pero él sabía que compartir era más importante. El era generoso con su tiempo. El compartió de su tiempo porque sabía que ellos necesitaban escuchar de Jesús. "Que sean generosos, dispuestos a compartir". Seguro que Pablo entendió nuestro versículo del mes. Pronto aprenderemos más acerca de Pablo y lo que ocurrió cuando él compartió tiempo con otros. ¿Te gustaría compartir tu tiempo con otros? Tal vez nunca vamos a viajar en barco para ser misioneras. Pero, ¿cuáles son otras maneras en que podemos compartir con otros en donde nosotros vivimos?

ALABEMOS

Cante algunas de las canciones favoritas de las niñas, incluidas las canciones de la unidad.

ESCUCHEMOS

Use Lana Lanuda u otro títere para la siguiente conversación.

Lana comparte con Penélope

Lana: *(Entra llorando)*

Consejera: Lana Lanuda, ¿Qué pasa, Lana? ¿Por qué estás tan triste hoy?

Lana: *(Lloriquea al hablar)* Por...por...porque hoy no puedo ju...ju...jugar con Fernanda. *(Nuevamente comienza a llorar.)*

Consejera: Pero, ¿Qué pasó? ¿Se pelearon?

Lana: ¡No, por supuesto que no! ¡Ella es mi mejor amiga! *(sigue llorando)*

Consejera: Entonces dime qué pasó.

Lana: Mi prima Penélope viene a casa y mamá me dijo que tengo que jugar con ella.

Consejera: ¡Debería estar contenta porque vas a jugar con tu prima, no llorando!

Lana: ¡Pero yo quiero jugar con Fernanda, no quiero jugar con Penélope!

Consejera: ¿Jugaste con Fernanda ayer? *(Lana dice que sí con un movimieto de cabeza.)* Y mañana vas a jugar con ella también, ¿verdad? *(Lana mueve la cabeza otra vez.)* Lana, creo que te has olvidado de lo que hemos aprendido en Margaritas.

Lana: No, no me he olvidado. Hemos estudiado que debemos compartir.

Consejera: ¡Muy bien!, Lana. Pero, ¿crees que has aprendido la lección?

Lana: Yo sé muy bien cómo compartir. Penélope puede usar todos mi juguetes mientras yo juego con Fernanda. Yo siempre comparto todas mis cosas.

Consejera: Está bien que compartas tus juguetes, pero eso no es todo. También debes compartir tu tiempo. Dios nos ha dado tiempo suficiente para que hagamos lo que necesitamos. No debemos ser egoístas y hacer sólo las cosas que nosotras queremos. Debemos atender a otros, así compartimos nuestro tiempo.

Lana: ¿Quiere decir que nuestro versículo del mes también habla del tiempo? "Que sean generosos, dispuestos a compartir". ¿Dispuesta a compartir mi tiempo, no sólo mis cosas?

Consejera: Así es, Lana. Tú tienes mucho tiempo para jugar con Fernanda. Ahora sería bueno que compartieras tu tiempo con Penélope; también debes jugar con ella. Piensa qué feliz se pondrá Penélope de poder pasar un hermoso tiempo jugando con su prima favorita.

Lana: Sí, tienes razón. Yo puedo jugar con Fernanda en otra oportunidad. Hoy Penélope y yo podremos jugar con las muñecas. ¿Sabes?, Penélope tiene una hermosa muñeca de lana.

Consejera: Creo que se divertirán mucho, Lana. Estoy tan contenta de que hayas decidido compartir tu tiempo con Penélope.

Lana: Yo también. Es lindo compartir. Mejor me apuro. Quiero ir a casa a poner una cinta en las orejas de mi corderita. Quiero que se vea linda para mañana. ¡Adiós, niñas!

OREMOS

La Biblia dice que debemos orar en todo tiempo. ¿Nos escucha Dios a toda hora? ¿Cómo debes orar cuando juegas? ¿Puedes orar en la escuela? *(Dé tiempo para que respondan a cada pregunta.)*

Si en la escuela u otro lugar no puedes orar en voz alta, siempre puedes hacerlo en silencio. ¿Sobre qué oras cuando estás en tu casa? ¿Oras con tu familia? *(Permita que respondan a cada pregunta.)*

Dios quiere que siempre oremos. Orar es hablar con Dios. No tenemos que usar palabras grandes u orar en alta voz. Podemos hablar con Dios así como hablamos a una amiga. El siempre se complace al escucharnos. *(Anime a cada una a que haga una oración breve, y haga énfasis en que sea simple, como por ejemplo: "Por favor, ayúdame en la escuela.")*

HAGAMOS

1. Pida que coloreen el reloj en el *Cuaderno de la margarita*, página 29. Ayúdelas a recortar el reloj y las manecillas. Pida que escriban los números. Luego, señale cada número y haga que repitan en alta voz después de usted. Ayude a las niñas a sujetar con un sujetapapel pequeño las manecillas al centro del reloj. Comente acerca de las cosas que las niñas hacen en diferentes horarios del día. Pregúnteles cómo podrían compartir su tiempo durante esas horas del día. Lea el poema en alta voz.

2. Distribuya a cada una crayolas o marcadores. Haga que recorten y coloreen el barco y la figura de Pablo en la hoja de tarea 31. Muéstreles cómo deben armar el barco: doblar por la línea de puntos y pegar los dos lados. La parte superior debe quedar abierta para que pongan la figura de Pablo

dentro del barco. Pablo compartió su tiempo cuando viajó a lugares lejanos. Mientras usted habla las niñas pueden usar la figura de Pablo para simular que él caminó y viajó en barco.

SALGAMOS

1. En el pizarrón escriba diversas maneras en que las niñas pasan su tiempo (en la escuela, jugando, comiendo, durmiendo). Asigne a cada niña una hora del día, y haga que ponga la hora asignada en su reloj para que la ayude a recordar. Elija una de las actividades indicadas en el pizarrón, por ejemplo, "comer". Mencione una hora del día. La niña elegida tendrá que decir algo que ella pueda compartir mientras come. Continúe así hasta que todas hayan participado. Luego elija otra actividad de las escritas en el pizarrón. Repita el proceso desde el comienzo. Haga que el juego sea dinámico y que las niñas respondan lo más rápido posible. Si usted tiene más de 12 niñas, asígneles segmentos de tiempo más reducidos.

2. Recuerde a las niñas que en la próxima clase tendrán "el día de los talentos". Entregue una carta a cada una para los padres. Estos podrán ayudar en la preparación.

3. Conforme las niñas salen, abrácelas y dígales: "Gracias por compartir este tiempo conmigo".

Apreciados padres,

La última reunión de Margaritas de este mes celebraremos el día de los talentos. Su hija tendrá oportunidad de mostrar a sus amigas alguna habilidad especial (leer, dibujar, pintar, saltar la cuerda, etc.). Agradecería que usted ayudara a su a hija en la preparación para este día de los talentos.

Todos los padres están invitados a acompañarnos.

Muchas gracias.

COMPARTO EN SITUACIONES DIFICILES

PREPAREMOS

Trasfondo bíblico:
   Rut 1-4

Objetivo:
   Las margaritas serán motivadas a compartir sus pertenencias, talentos, y tiempo en cualquier circunstancia, aunque resulte difícil.

Materiales para la consejera:
❏ Una "Estrella de Compartir", preparada antes de la clase
❏ Un oso de peluche

MARGARITA DEL DIA

Cuando prepare la lección, dé tiempo a que la Margarita del Día presente el objeto que trajo a la clase. Además planee actividades en las que ella pueda ayudar.

Entregue la carta para los padres a la Margarita del Día de la próxima semana y recuérdele que durante la semana debe preparar la presentación de un objeto de importancia para ella.

EMPECEMOS

Seguramente algunos de los padres estarán presentes en la clase para ver a sus hijas participar en el "show de talentos". Sería bueno comenzar el día con esta actividad. Anime y ayude a las niñas cuando deban hacer su presentación. Recuerde que para ellas no es fácil hablar frente a un grupo. Felicítelas por el esfuerzo, no busque perfección.

DEMOS

Si hay niñas presentes por primera vez, dibuje las manos en papel y péguelas en el recipiente de las ofrendas. Recuérdeles que todas deben usar las manos para compartir con otros. Antes de comenzar la clase, complete la estrella "Compartir" en la página 35 del *Cuaderno de la margarita.* Muéstreles la cara alegre, y

pregúnteles si ellas creen que deben compartir cuando están contentas. Muestre las demás caras y hable de cada una. Debemos compartir aunque no queramos hacerlo. Nuestro versículo del mes dice: "Que sean generosos, dispuestos a compartir" ...aun cuando sea difícil. Mientras que las niñas ofrendan, entone con ellas la canción del versículo de memoria.

APRENDAMOS

Las niñas hoy la ayudarán a relatar la historia. Gesticularán para mostrar las diferentes emociones presentes en la historia. Practique con ellas algunos gestos antes de comenzar ...caras alegres, tristes, enfermas.

Rut comparte con su suegra

La Biblia nos refiere que Noemí era una mujer muy feliz *(caras alegres).* Vivía con su esposo, dos hijos, y dos nueras. ¡Qué felices eran! *(caras alegres).* Pero algo triste ocurrió, su esposo y sus hijos murieron. Noemí se puso triste *(caras tristes).* Noemí quería que sus nueras fueran felices, así que les dijo que podían volver con sus padres.

Rut, una de las nueras, amaba mucho a su suegra Noemí. Rut sabía que si se quedaba con su suegra nunca vería a su familia. Pero también sabía que si dejaba a Noemí, esta quedaría sola, sin familia alguna. Noemí era ya anciana y quiza estaba débil *(caras enfermas).* Rut se entristecía cuando pensaba en la soledad de Noemí *(caras tristes).* Finalmente Rut decidió quedarse con su suegra, quiso compartir con Noemí.

Rut y Noemí viajaron juntas a un pueblo llamado Moab. Tenían un largo camino que recorrer hasta Moab. Cuando llegaron, seguro que estaban muy cansadas *(caras cansadas).*

Ellas eran muy pobres, así que Rut tenía que ir al campo para conseguir comida (granos). Ella seguía a los hombres que cosechaban y recogía el trigo que ellos dejaban. Rut debe haber estado muy cansada y con hambre para hacer ese trabajo tan duro *(caras cansadas y tristes)*. Ella podría haber comido todo sola. ¿Creen ustedes que Rut lo habría hecho? No, por supuesto que no. Ella cada día volvía a casa y compartía con Noemí. Aunque el trabajo era duro, Rut siempre compartió con Noemí. Ya fuera enferma *(caras enfermas)*, cansada *(caras cansadas)*, con hambre *(caras de hambre)*, triste *(caras tristes)*, o alegre *(caras alegres)*, ella siempre trabajó y compartió con su suegra.

Dios vio que Rut era generosa y que siempre estaba dispuesta a compartir. Dios la bendijo por su generosidad y por el amor que mostró a Noemí. El permitió que Rut conociera a Booz, un hombre que se enamoró de ella *(caras "enamoradas")*. Booz vio que ella era generosa. Booz pidió a Rut que se casara con él. Rut se puso muy contenta *(caras alegres)*. Noemí también se alegró *(caras alegres)*. Dios bendijo a Rut por compartir con otros. Ahora Rut y Noemí tendrían comida, una linda casa, y alguien que las cuidaría.

Yo quiero ser como Rut, quiero compartir con otros aunque no sea fácil. ¿Y ustedes, quieren compartir también? ¿Creen ustedes que Dios se alegra cuando compartimos? ¿Quién recuerda nuestro versículo del mes? Repitámoslo juntas: "Que sean generosos, dispuestos a compartir" (1 Timoteo 6:18). Debemos ser generosas con nuestras cosas, nuestros talentos, y nuestro tiempo, aunque sea difícil.

ALABEMOS

Pregunte a las niñas cuáles son sus canciones favoritas, e incluya también algunas que hayan aprendido en esta unidad.

ESCUCHEMOS

Use un oso de peluche para la historia de hoy.

Oso Generoso

Quiero presentarles a un amigo muy especial, él es *Oso Generoso*. Oso Generoso es muy especial, él comparte con niñas que están tristes. Oso Generoso nos quiere alegrar y animar. ¿Saben ustedes lo que a Oso Generoso le encanta compartir? ¡Abrazos! ¿Quisieran abrazar a Oso Generoso? *(Permita que las niñas abracen el muñeco.)*

Amanda tenía la misma edad que ustedes. A Amanda le encantaba jugar con los niños. Un día, cuando todos jugaban, Amanda con mucha fuerza dio un puntapié al balón. El balón voló por encima de la cabeza de los niños. Amanda no se dio cuenta porque ella voló junto con el balón y aterrizó bruscamente en el piso. Más tarde la pobre Amanda estaba en cama con una pierna rota. Ella tenía mucho dolor.

La mamá de Amanda quiso hacer algo especial para que su hijita se alegrara. Ella cosió un lindo oso de peluche para su hija. La mañana siguiente mamá tenía una linda sorpresa para Amanda, ¡Oso Generoso!

—Quiero compartir algo muy especial contigo, Amanda. Este es Oso Generoso, tu nuevo amiguito —dijo mamá.

—¡Qué lindo mamá! ¡Gracias! —dijo Amanda. Abrazó y acarició a su osito. *(Deje que las niñas den un abrazo al oso.)*

Meses después, Diana, la mejor amiga de Amanda, estaba muy triste porque su familia se mudaría a otra ciudad. La prima de Diana estaba muy enferma y la familia necesitaba ayuda. Diana lloró cuando dijo a su amiga cuánto la extrañaría. Amanda sabía que ella también la extrañaría, pero no quería que Diana estuviera más triste. ¿Qué podía compartir con ella para animarla?

Esa mañana, Amanda fue a despedirse de Diana. Estaban todos muy ocupados preparando el equipaje. Amanda abrazó a su amiga, y dijo:

—No quiero que estés triste. Quiero que siempre recuerdes las cosas divertidas que hicimos y que yo soy tu mejor amiga. Cuando me rompí la pierna, mamá compartió algo conmigo por que me vio triste. Ahora yo quiero compartir ese mismo regalo contigo.

Amanda sacó a Oso Generoso de la mochila. Diana sonrió y abrazó al oso.

—¡Qué lindo! ¡Qué ganas me dan de abrazarlo! Siempre recordaré que tu compartiste Oso Generoso conmigo. ¡Nunca te olvidaré! *(Permita que las niñas abracen el oso.)*

Lo primero que Diana hizo cuando llegó a su nueva ciudad fue ir al hospital para visitar a su prima. Pobre prima, estaba muy enferma de algo que se llama leucemia. Amanda estuvo con ella esa tarde. Cuando fue a casa pensó qué podía hacer. ¡Hey, qué buena idea tuvo!

La siguiente vez que fue al hospital ella llevó algo, ¿qué creen ustedes? ¡Sí, Oso Generoso!

—Anita, sé que las cosas no son fáciles para ti ahora —dijo Amanda a su prima—. Cuando yo estaba triste mi amiga compartió Oso Generoso conmigo. Ahora yo quiero que Oso Generoso sea tuyo. Cuando todas las visitas se vayan a casa, Oso Generoso quedará contigo. ¡El da los mejores abrazos del mundo!

Anita abrazó a Oso Generoso. Estaba muy contenta de tener a alguien a quien abrazar.

—¡Gracias, Jesús, por mi prima y por Oso Generoso!—oró Anita. *(Permita que las niñas abracen el oso nuevamente.)*

En nuestra historia de la Biblia aprendimos que debemos compartir aunque sea difícil. Oso Generoso también nos recuerda que podemos compartir cuando las personas están pasando por problemas. Nosotras podemos animarlos. ¿Alguna de ustedes tiene algo que puede compartir con alguien que tiene un problema? ¿Recuerdan a alguien que necesita sonreír? ¿Qué podemos hacer para compartir?

OREMOS

Orar es una buena manera de compartir con alguien que está triste. Anime a las margaritas a orar por personas que están pasando por momentos difíciles. Después pregunte qué otra cosa pueden hacer para animar a esas personas.

HAGAMOS

1. Provea a cada una un lápiz con goma de borrar para que trabajen en la página 33 del *Cuaderno de la margarita*. Ellas deben encontrar el camino en el laberinto. Después colorearán el resto de la página. Mientras trabajan, repase la historia bíblica de Rut y Booz.

2. Las niñas harán la Estrella de Compartir que aparece en la página 35 del *Cuaderno de la margarita*. Lea lo que está escrito en cada rótulo y ayude a las niñas a dibujar una cara con la expresión que se indica. Corte el dibujo por seguir la línea de puntos. Ayude a las niñas a doblar el papel por la mitad. Enseguida pegue las páginas tal como muestra el dibujo. Las niñas usarán la Estrella de Compartir para recordar que siempre deben ser generosas, aunque sea difícil.

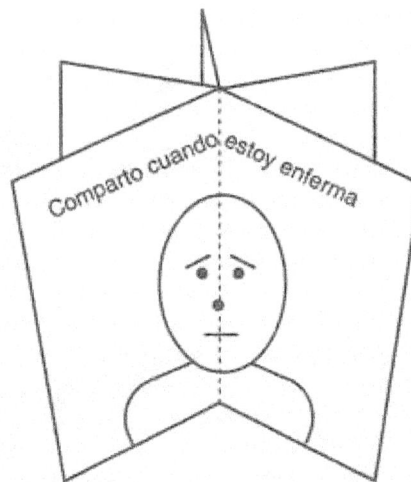

Comparto cuando estoy enferma

SALGAMOS

1. Antes de concluir la clase, haga que las niñas representen situaciones difíciles en las que podemos compartir. Pueden seleccionar una de las situaciones que aparecen en la Estrella de Compartir. Anímelas para que todas busquen una compañera y participen.

2. Verifique el cumplimiento de los requisitos para la insignia "Compartir". Felicite a las niñas que han completado los requisitos de los dos primeros meses. Anime a las que necesitan completar pasos.

COMPARTO DE JESUS

PROPOSITO

El regalo más precioso que tenemos para compartir con otros es nuestra fe en Jesucristo. Este mes estudiaremos maneras en que podemos testificar a otros. Las niñas aprenderán la importancia de compartir a Jesús mediante las palabras, las acciones, las actitudes, y el ejemplo. Anímelas a buscar maneras en que puedan compartir con otros.

PASOS A LA META

1. Prepare una canasta de alimentos para compartir con alguna persona o familia en necesidad
2. Memorizar y aplicar el versículo de este mes.
3. Completar satisfactoriamente las hojas de tarea que corresponden a este mes.
4. Completar todos los requisitos de la insignia "Compartir"

VERSICULO PARA APRENDER DE MEMORIA

"Voy a contarles todo lo que él ha hecho por mí" (Salmo 66:16). NVI

ACTIVIDAD ESPECIAL

Preparar una canasta de comida para una familia necesitada

Como aplicación de lo que han aprendido acerca del tema compartir, invítelas a donar alimentos que no se pudran o descompongan a una familia en necesidad. Ponga una canasta grande en un lugar visible en el salón de clase. Motive a las niñas a que cada semana traigan a la clase algún alimento para poner en la canasta. Al finalizar la unidad siga las instrucciones que se incluyen en la lección 11 y lleve la canasta a la familia en necesidad.

Aprendemos — Orador invitado

Este mes las margaritas estudiarán acerca del apóstol Pablo. Invite a una persona para que relate la historia bíblica desde la perspectiva del apóstol. Puede ser un adulto o un joven de la iglesia que disfrute trabajar en dramas y con los niños. Haga que "Pablo" memorice las historias para que posteriormente las pueda presentar con sus propias palabras. Si es posible, haga que el invitado especial vista al estilo de los tiempos bíblicos y que su presentación sea la nota sobresaliente de la reunión.

RECIPIENTE PARA LA OFRENDA

Use una lata de conservas vacía, con su etiqueta. Este recipiente para las ofrendas sugerirá a las niñas que debe compartir con otros y les recordará que cada clase deben traer alimentos para poner en la canasta.

CARTEL DE ANUNCIOS

En una hoja de cartulina trace la figura de un árbol o haga uno con papel crepé verde y café. Sujete el árbol a la pared o al cartel de anuncios. Si hay espacio, exhiba el cartel del mes anterior junto con el de este mes.

Use los patrones de la página 44, y prepare en cartulina hojas de árbol y manzanas para cada niña. Durante cada clase de este mes, dé a las niñas una manzana y una hoja de árbol. En la hoja de árbol escribirán o dibujarán lo que pueden hacer para compartir a Jesús con otros. En la manzana harán un dibujo o escribirán el nombre de alguna persona con quien compartirán acerca de Jesús durante la semana. Cada semana las niñas añadirán una manzana y una hoja de árbol al cartel de anuncios para recordar personas con quienes compartirán de Jesús y maneras de hacerlo. El afiche también será una excelente ayuda en el tiempo de oración. Las niñas podrán recordar nombres y pedir la ayuda de Dios para poder testificar a estas personas.

HOJA
Unidad 1
Tercer mes

MANZANA
Unidad 1
Tercer mes

COMPARTO CON MIS PALABRAS

PREPAREMOS

Trasfondo bíblico:
Hechos 26

Objetivo:
Las margaritas aprenderán el plan de salvación y serán motivadas a compartirlo con otros.

Materiales para la consejera:
❏ Canasta o recipiente para la "canasta de alimentos"
❏ Una manzana y una hoja de árbol en cartulina para cada una
❏ Un cordón o un hilo (30 cm) para cada una
❏ Títeres para los dedos *(Ver la página 39 del Cuaderno de la margarita)*
❏ Cinco tiras de cartulina (7 X 4 cm) para cada una (negro, rojo, blanco, verde, amarillo)
❏ Carta a los padres para explicar la actividad especial *(Ver la página 48)*

MARGARITA DEL DIA

Cuando prepare la lección, dé tiempo a que la Margarita del Día presente el objeto que trajo a la clase. Además planee actividades en las que ella pueda ayudar.

Entregue la carta para los padres a la Margarita del Día de la próxima semana y recuérdele que durante la semana debe preparar la presentación de un objeto de importancia para ella.

EMPECEMOS

1. Explique a las niñas cuál será el cartel de anuncios para el mes. *(Ver las páginas 43 y 44)* Dé una manzana de cartulina a cada niña. Explíqueles que esa manzana representa a alguien con quien ellas pueden compartir de Jesús. Ayúdelas a escribir el nombre o a dibujar a una persona con la que ellas puedan compartir de Jesús en la semana. Dé a cada niña una hoja de árbol en cartulina. La hoja de árbol representa una manera en la que ellas pueden compartir de Jesús. Pida a las niñas que sugieran otras maneras en que podemos compartir de Jesús con otros. Para animar a las niñas, comente algunas experiencias que usted haya tenido. Ayúdelas a escribir o a dibujar en las hojas una manera de testificar. Haga que peguen las hojas y manzanas en el árbol.

2. Las niñas colorearán el teléfono en la página 37 del *Cuaderno de la margarita*. Mientras colorean, comente los diversos usos del teléfono. Es lindo poder hablar con otros, sea por teléfono o personalmente. Pida a las niñas que nombren algunas de las cosas que hablan con sus amigas. Haga que recorten y armen el teléfono.

DEMOS

Hoy estudiaremos cómo usar las palabras para compartir de Jesús. Converse con las niñas mientras recoge la ofrenda. Cuando ofrenden usen palabras para agradecer a Dios por lo que ha hecho. Explique que el recipiente para la ofrenda que usarán este mes (una lata de conservas) simboliza el tema que estudiarán. Durante la clase presente usted el proyecto especial para el mes.

APRENDAMOS

Una persona disfrazada de Pablo relatará la historia. (Ver la página 43)

Pablo comparte de Jesús

¡Buenas tardes niñas! ¿Saben ustedes quién soy? Mi nombre es Pablo. ¿Recuerdan lo que aprendieron acerca de mis viajes misioneros? *(Permita que respondan.)* Ustedes también estudiaron cómo podemos compartir tiempo con las personas. Tal vez ustedes quieren saber por qué fui a tantos lugares. Lo hice porque quería compartir de Jesús con otros. Hay muchas cosas buenas que podemos compartir, pero lo más importante es comunicar a otros el mensaje de Jesucristo, el Hijo de Dios.

(Señale sus labios.) ¿Para que usamos los labios? *(Permita que las niñas respondan.)* Usamos la boca para hablar a otros de Jesús. A algunos no les gustaba que yo hablara de Jesús. Me echaron en la cárcel y me mandaron donde el rey Agripa. ¿Creen ustedes que eso me hizo callar? ¡Por supuesto que no! Yo sabía que Jesús también amaba al rey Agripa. Así que en vez de defenderme, hablé acerca de Jesús. Yo aproveché cada oportunidad para hablar del amor de Jesús.

¿Quisieran que les mostrara una manera fácil de compartir de Jesús con otros? *(Coloque los títeres en los dedos de Pablo. Trate de cambiar la voz con cada títere para que identifiquen los diferentes personajes.)*

Títere negro: Yo soy Pecos Pecado. Soy muy malo y me encanta que la gente mienta, desobedezca, y hable mal de otros. Yo estoy feliz porque todos serán castigados por las cosas malas que han hecho. ¿Saben cuál es el castigo? *(Ríase en forma perversa)* ¡La muerte! ¡Todos pecaron y todos deben morir!

Títere rojo: ¡Momento, Pecos Pecado, no tan rápido! Es verdad que hay un castigo por el pecado, pero yo, Señor Sangre, tengo noticias para tí. Jesús no quiere que seamos castigados. El, hace muchos años, vino a la tierra para ayudarnos. Jesús nunca hizo nada malo, nunca pecó. Pero nos amó tanto que quiso ser castigado en nuestro lugar. Niñas, ¿recuerdan cuál era el castigo? Yo, Sr. Sangre, represento la sangre que Jesús derramó cuando murió por nosotros en la cruz.

Títere blanco: Yo te apoyo Sr. Sangre. Hola, mi nombre es Linda Limpia y estoy aquí para decirte que cualquiera que cree que Jesús murió en su lugar, le pide perdón por lo malo que ha hecho, y lo invita a que sea el Rey en su vida, será limpio de pecado. Su corazón no será oscuro ni lleno de manchas como Pecos Pecado, sino blanco y sin manchas como Jesús me ha hecho a mí.

Títere verde: ¿Puedo decir algo? Mi nombre es Vida Verdad. Mi color es el de las plantas cuando están llenas de vida. Mi misión es recordarles que después de ser limpios, todos debemos crecer. ¿Qué necesitan las plantas para crecer? *(Las niñas pueden responder.)* Agua, luz, aire, etc. De la misma manera, después que Jesús nos limpia de pecado, necesitamos crecer. Crecemos, no con agua, luz, ni aire, sino cuando estudiamos acerca de Jesús. Aprendemos acerca de Jesús cuando vamos a la escuela dominical o a la iglesia de niños. Otra manera de crecer es mediante la oración. Yo quiero leer bien para aprender de Jesús al leer la Biblia. Cuando hacemos estas cosas nos sentimos más y más cerca de Jesús, y crecemos como las plantas.

Títere amarillo: ¡Por fin es mi turno! Yo soy Rayo Radiante. ¡Qué hermoso lugar Jesús está preparando para nosotros! Mi color representa ese lugar. Allí todo es luz; no hay oscuridad. La Biblia dice que las calles parecen de oro, todo resplandece. Allí no habrá motivo de que estemos tristes. Es cierto que algún día moriremos, pero los que hayamos aceptado a Jesús, iremos a vivir con El al cielo. ¡Qué maravilloso!

(Haga un llamado evangelístico a aquellas niñas que no han aceptado a Jesús como Salvador. Anímelas a compartir acerca de Jesús, tal como hizo Pablo. Si alguna niña tiene preguntas para Pablo, dé tiempo a que las haga. Una vez que todas hayan participado, Pablo agradecerá a las niñas la atención prestada, se despedirá, y prometerá volver la próxima clase.)

ALABEMOS

Hoy puede enseñar a las niñas una canción alusiva al compartir acerca de Jesús. Use la melodía de "Los pollitos dicen":

Yo voy a contarles
Sí, sí, sí
Todo lo que El
ha hecho por mí.

ESCUCHEMOS

Escoja 5 niñas para que la ayuden con la historia. Dé a cada una un títere que pondrán en el dedo índice. Si hay menos de cinco niñas en su clase entregue dos títeres a algunas de las niñas.

Cristina habla por teléfono

Era sábado y Cristina había terminado la tarea del día. No hallaba las horas de conversar con su amiga Juanita. A Cristina le encantaba jugar con Juanita. En la escuela pasaban mucho tiempo juntas y los fines de semana conversaban por teléfono.

Cristina llevó sus títeres para los dedos que había hecho en su clase de Margaritas. Ella frunció el entrecejo cuando tomó a Pecos Pecado. Este Pecos Pecado es una mala persona. Cuando tomó a Rayo Radiante no pudo evitar sonreir. ¡El cielo debe de ser un lugar hermoso! En ese instante Cristina pensó en su amiga Juanita.

—¿Me pregunto si Juanita conoce a Jesús? En Margaritas aprendimos el Salmo 66:16, "Voy a contarles todo lo que él ha hecho por mí". Yo debo contar a Juanita lo que Jesús ha hecho por mí.

Cristina corrió a la cocina donde su mamá estaba preparando un pastel.

—Mami, ¿puedo llamar por teléfono a Juanita? Quiero contarle acerca de Jesús y usar mis títeres para recordar qué debo decir.

La mamá de Cristina sonrió.

—Creo que esa es una gran idea, Cristina. La familia de Juanita no es cristiana y puede ser que ella nunca haya escuchado de Jesús.

Cristina fue a la sala y tomó el teléfono. *(Use el teléfono que las niñas hicieron en la sección Empecemos.)*

—Hola, Sr. Díaz, ¿podría hablar con Juanita, por favor? *(pausa)* Muchas gracias.

A los pocos segundos Cristina estaba hablando por teléfono con su mejor amiga.

—Hola, Juanita, ¿cómo estás? He pensado mucho en ti y hay algo muy importante que quisiera contarte. Aquí tengo unos amiguitos que me van a ayudar a recordar todo lo que tengo que decir.

(Las cinco niñas usarán el teléfono que hicieron y el títere que usted les entregó. Cada una simulará ser Cristina que habla con Juanita acerca de Jesús. Una por una dirán la parte que corresponde al títere que tienen en la mano. Si alguna no recuerda lo que debe decir, haga que repita luego de usted.)

Cuando Cristina terminó con la historia, preguntó algo muy importante a Juanita.

—Juanita, ¿quisieras aceptar a Jesús como tu Salvador personal?

Juanita había escuchado con mucha atención todo lo que Cristina había dicho. Ella respondió:

—Sí, Cristina, creo lo que me has dicho y quiero invitar a Jesús a mi corazón.

Las niñas oraron juntas y Juanita pidió a Jesús que limpiara su corazón. Cristina estaba tan contenta que tenía ganas de abrazar a Juanita. Estaba tan contenta porque había hablado de Jesús a su mejor amiga.

OREMOS

Explique que la oración es el tiempo que tenemos para conversar con Dios. Podemos hablar con El así como hablamos con un amigo. Podemos comparar la oración con la conversación por teléfono de Cristina y Juanita. Podemos hablar con la persona aunque no la veamos. Es cierto que no podemos ver a Dios, pero sí podemos conversar con El.

Generalmente cuando oramos pedimos a Dios por las cosas que necesitamos. Si todo el tiempo sólo pidièramos a nuestros amigos, se cansarían de nosotros. Dios quiere proveer a nuestras necesidades pero también quiere oír que lo amamos y que estamos agradecidas por su cuidado.

Permita que cada una testifique acerca de algo bueno que ocurrió en el día. Luego dé gracias a Dios por todo lo que mencionaron.

HAGAMOS

Ayude a las niñas a buscar la hoja de trabajo en la página 39 del *Cuaderno de la margarita*. Haga que señalen el dibujo (Pecos Pecado, Sr. Sangre, etc.) que corresponde conforme usted repite el plan de salvación. Dé tiempo a que coloreen los dibujos y después recorten. Usarán los colores del "Libro sin Palabras". Provea a cada niña con 5 tiras de cartulina de 7 X 4 cm en los siguientes colores: negro, rojo, blanco, verde, y amarillo. Ayúdelas a hacer sus títeres para los dedos tal como muestra el dibujo. Dígales que estos títeres las ayudarán a recordar qué deben decir cuando hablen de Jesús.

SALGAMOS

1. Diga a las niñas que usen los títeres para practicar el plan de salvación. Comience usted con sus títeres. Trate de cambiar la voz con cada títere para hacerlo más entretenido. Que las niñas repitan después de usted, y luego dé oportunidad a que lo hagan solas.

2. Juegue al "teléfono" hasta que los padres de las niñas lleguen. Haga que todas se sienten en círculo. Susurre un breve mensaje a quien tenga a su lado. Luego ella susurrará lo que usted dijo a quien tenga más cerca. Todas harán lo mismo hasta que todas hayan oído el mensaje. La última niña en recibir el mensaje deberá decirlo en voz alta. Deje que tomen turno para comenzar un nuevo mensaje. Uno de los mensajes puede ser el versículo para memorizar o alguna verdad que aprendieron en la clase.

3. Explique el proyecto especial del mes. *(Ver la página 43)* Muestre la canasta u otro recipiente que usarán para colectar los alimentos. Entregue a cada una la carta que usted preparó para explicar el proyecto a los padres. *(Ver más abajo)* Ellas deben llevar la carta a casa y entregarla a papá o a mamá.

Apreciados padres:

Esta oportunidad quisiera solicitar su cooperación para la actividad especial del mes. Las margaritas reunirán alimentos para una canasta de ayuda. Es importante que sean alimentos no perecibles. Esta canasta bendecirá a alguien en necesidad.

Agradecería su colaboración en esta actividad.

Muchas gracias por su ayuda.

_____

COMPARTO CON MIS ACCIONES

PREPAREMOS

Trasfondo bíblico:
　　Hechos 27:27-28:10

Objetivo:
　　Las margaritas aprenderán que pueden testificar de Jesús con sus acciones.

Materiales para la consejera:
- ❏ Canasta o recipiente
- ❏ Manzana y hoja de cartulina para cada una
- ❏ títere-oveja Lana Lanuda u otro títere amarillo
- ❏ Un globo terráqueo o un mapamundi
- ❏ 13 huellas de pisadas recortadas en cartulina

MARGARITA DEL DIA

Cuando prepare la lección, dé tiempo a que la Margarita del Día presente el objeto que trajo a la clase. Además planee actividades en las que ella pueda ayudar.

Entregue la carta para los padres a la Margarita del Dia de la próxima semana y recuérdele que durante la semana debe preparar la presentación de un objeto de importancia para ella.

EMPECEMOS

1. Muestre la canasta a las niñas donde pondrán los alimentos que trajeron para el proyecto del mes.
2. Dé a cada niña una manzana y una hoja de cartulina para agregar al cartel de anuncios de hoy. Anímelas a pensar en otras personas y en maneras en que pueden testificar.
3. Las niñas harán una pantomima para mostrar diferentes maneras de testificar. Represente una manera de testificar y deje que las niñas adivinen de qué se trata. Luego, separe la clase en dos grupos y seleccione dos niñas que dirijan cada grupo. Uno de los grupos representará otros modos de testificar y el otro grupo adivinará de qué se trata. Si tienen dificultad para adivinar, dé pistas o ideas.

DEMOS

Hemos conversado acerca de varias maneras en que podemos compartir. La ofrenda es una hermosa manera de mostrar que amamos a Jesús, y que nos gusta compartir con El y otros. De todos modos tenemos que entender que no debemos tratar de usar esto para impresionar a otros. La Biblia dice: "Cuando des a los necesitados, que no se entere tu mano izquierda de lo que hace la derecha, para que tu limosna sea en secreto" (Mateo 6:3,4). Ese sí que es un gran secreto, una mano ni siquiera sabe qué está haciendo la otra mano. Eso significa que nosotras debemos ofrendar porque queremos, y no para que otra gente vea que lo hacemos.

Ahora que vamos a ofrendar quisiera que todas cerráramos los ojos. Después de orar pasaremos el recipiente de la ofrenda y procuraremos no abrir los ojos. De esta manera las margaritas evitarán ver lo que dan las demás. Esta ofrenda será un secreto muy especial entre tú y Jesús.

Ore por la ofrenda y pase la canasta a cada niña. Una vez que hayan recogido la ofrenda recuérdeles que además del recipiente de la ofrenda, las margaritas se han propuesto llenar otra canasta con alimentos; esta será otra manera de compartir.

APRENDAMOS

Pida a la misma persona que ayudó la clase anterior que nuevamente se disfrace del apóstol Pablo, y que relate la historia bíblica (Ver la página 43).

Pablo comparte de Jesús en Malta

Hola niñas! ¿Me recuerdan? Soy Pablo. Vine la semana pasada a contarles cómo usé las palabras para compartir de Jesús con otros. ¿Han tenido la oportunidad de usar sus títeres para hablar de Jesús? *(Dé tiempo a las respuestas.)*

Hoy quiero contarles algo que me ocurrió hace mucho tiempo. Estaba de viaje en un barco cuando de repente el viento comenzó a soplar con mucha fuerza. El temporal duró varios días, hasta que finalmente nos estrellamos contra un banco de arena. Todos tuvimos que nadar hasta la playa para salvarnos. Llegamos a la isla de Malta. La gente de Malta era muy amable. Yo quería que ellos conocieran a Jesús, pero esta vez en vez de usar mis palabras, yo testifiqué con mis acciones.

Cuando preparaba fuego para abrigarnos, una víbora apareció entre la leña y me mordió la mano. Imagínense la reacción de la gente; todos se asustaron. Pero yo no me asusté ni grité. Yo sabía que Dios me cuidaría, así que sacudí la mano y arrojé la serpiente al fuego. La gente se asombró cuando vieron que yo no me había asustado ni que nada malo me había ocurrido. Ellos entendieron que había algo especial en mí.

Alguien me dijo que el padre del jefe del lugar estaba muy enfermo, con mucha fiebre. Yo inmediatamente supe que Jesús podría sanarlo, así que fui a la habitación dónde él estaba y oré. ¿Saben ustedes que hizo Jesús? Jesús no sólo sanó a este hombre, sino también a toda la gente enferma en aquella isla. ¡Qué maravilloso es Jesús!

Yo estaba muy contento de compartir de Jesús con mis acciones. Cuando me vieron orar y confiar en El, se dieron cuenta de que Jesús vivía en mi corazón.

Hay muchas cosas que podemos hacer para compartir de Jesús con nuestras acciones. ¿Podrían pensar en algunas buenas cosas que nosotros podríamos hacer para que otros conozcan más de Jesús? *(Deje que ellas respondan, y anímelas que traten de llevar a cabo esas ideas en su propia vida.)*

ALABEMOS

Entone canciones alusivas al compartir y testificar, e incluya el versículo de la semana pasada. Cante, "Si en verdad eres salvo" y ponga énfasis en la parte que dice, "testifica con tu vida".

ESCUCHEMOS

Use el títere-oveja Lana Lanuda.

Lana Lanuda aprende cómo compartir de Jesús

Lana Lanuda: *(entra tosiendo)*

Consejera: Buenas tardes, Lana. ¿Cómo estás hoy?

Lana Lanuda: *(con voz ronca)* No muy bien...tengo larnititis.

Consejera: ¿Qué? ¿larnititis?

Lana Lanuda: Así es, mi voz está de vacaciones, así que no puedo hablar.

Consejera: Ah, tú quieres decir "laringitis".

Lana Lanuda: Eso fue lo que yo dije, "larnititis".

Consejera: Bueno, Lana, estoy muy contenta que de todos modos decidiste venir a Margaritas. Estamos estudiando los diferentes modos de como compartir con otros.

Lana Lanuda: Pero yo no puedo hacer eso porque no tengo voz y no puedo hablar.

Consejera: Oh, pero tú no entiendes, Lana. Ahora estamos aprendiendo que hay diversas maneras de compartir de Jesús con otros. Las palabras son sólo un modo, también podemos compartir de Jesús con las acciones.

Lana Lanuda: ¿Acciones? ¿Te refieres a saltar y correr?

Consejera: No, Lana, no esa clase de acciones. "Acciones" son cosas buenas que nosotras hacemos. Cuando hacemos este tipo de cosas, tal cual Jesús hizo, ellos pueden ver que El vive en nuestro corazón.

Lana Lanuda: ¿Qué tipo de cosas?

Consejera: Ayudar a los necesitados, jugar con un niño o una niña que no tenga amigos, dar lo mejor que podamos en la escuela, etc. Niñas, ¿podrían ustedes dar más ejemplos a Lana de cómo podemos mostrar que Jesús vive en nuestra vida? *(Deje que contesten.)*

Lana Lanuda: ¡Vaya, vaya! Estas niñas sí que son inteligentes. ¡Ahora me doy cuenta de que puedo compartir de muchas maneras! En mis vacaciones podré hablar de Jesús y también haré cosas por los demás que muestren que lo amo. "Voy a contarles todo lo que él ha hecho por mí."

Consejera: ¡Así me gusta, Lana! ¡Veo que te acuerdas de nuestro versículo del mes? Repitámoslo juntas. *(Repita el versículo varias veces.)*

Lana Lanuda: Ya es hora de irme. Tengo que ir a preparar mis maletas.

Consejera: ¿Preparar maletas? ¿Dónde vas?

Lana Lanuda: Me voy de vacaciones. Si mi voz se fue de vacaciones, la única manera de encontrarla es irse de vacaciones con ella. Nos vemos pronto. ¡Chao!

OREMOS

Pregunte a las margaritas si se acuerdan cuál era el trabajo de Pablo. El era misionero. Explique que los misioneros también comparten de Jesús con sus acciones. Ellos van a lugares lejanos para compartir del amor de Jesús. Pregunte a la clase, ¿qué hace un misionero? Comente acerca de un misionero que usted conozca o alguien que la iglesia apoya. Use el globo terráqueo o el mapamundi, para señalar la ciudad y el país dónde el misionero trabaja. Invítelas a orar específicamente por esos misioneros. Pida que una niña ore por protección, otra por el ministerio de testificar, otra por la salud, etc. Concluya el tiempo de oración agradeciendo a Dios por los misioneros, por los países donde ellos sirven, y por las personas que necesitan de Jesús.

HAGAMOS

1. Pida que busquen la página 41 en el *Cuaderno de la margarita* y coloreen el camino y las huellas de pisadas. Conforme colorean las huellas, haga que repitan el versículo escrito en los dibujos.

2. Comente con las niñas diversas maneras en que podemos glorificar a Jesús en casa, en la escuela, y en la iglesia. Luego pida que completen y coloreen los dibujos de la página 42 del *Cuaderno de la margarita*.

SALGAMOS

1. Antes de la clase prepare 13 huellas de pisadas en cartulina. Pegue las huellas en el piso a unos 18 cm de distancia una de la otra. Haga que las niñas se paren en fila frente a la primera huella. Pida que la primera camine sobre las huellas. Cada vez que pise sobre una dirá una palabra del versículo para memorizar. Cuando todas hayan repetido el versículo, varíe la actividad, en vez de caminar, pueden saltar en un pie (o a pies juntos), correr, mientras dicen el versículo.

2. Recuérdeles acerca de la canasta de alimentos de este mes. Cuando compartamos esta comida con una familia en necesidad, con nuestras acciones mostraremos amor a Jesús. ¡Qué manera tan hermosa de compartir de Jesús con otros!

3. Conforme las niñas salen, haga que salten en un pie y repitan el versículo de memoria.

COMPARTO CON MIS ACTITUDES

PREPAREMOS

Trasfondo bíblico:
Hechos 14:8-22

Objetivo:
Las margaritas aprenderán que mediante su actitud pueden compartir su fe en Dios.

Materiales para la consejera:
- ❏ Canasta de alimentos
- ❏ Manzanas y hojas de árboles en cartulina para cada niña
- ❏ Una caja de caramelos u otra caja forrada en papel de regalo
- ❏ Un pliego de cartulina
- ❏ Témpera o acuarela

MARGARITA DEL DIA

Cuando prepare la lección, dé tiempo a que la Margarita del Dia presente el objeto que trajo a la clase. Además planee actividades en las que ella pueda ayudar.

Entregue la carta para los padres a la Margarita del Dia de la próxima semana y recuérdele que durante la semana debe preparar la presentación de un objeto de importancia para ella.

EMPECEMOS

1. Muestre la canasta a las niñas donde pondrán los alimentos que trajeron para el proyecto del mes.

2. Dé a cada niña una manzana y una hoja de cartulina para agregar al cartel de anuncios de hoy. Anímelas a pensar en otras personas y en maneras en que pueden testificar.

3. Repase las aventuras de Cristina que las niñas han escuchado durante esta unidad. Las niñas colorearán y recortarán la muñeca de papel Cristina y los vestidos en la página 43 del *Cuaderno de la margarita*. Dé tiempo para que jueguen a vestir la muñeca de papel. Motive a las niñas a que en casa usen

la muñeca de papel para practicar las diferentes maneras en que pueden compartir con otros.

DEMOS

Use la caja forrada en papel de regalo. Una vez que las niñas se sienten, dígales que usted tiene un regalo para ellas. Cuando muestre el regalo hágalo con expresión de disgusto. Haga énfasis en cuánto dinero tuvo que pagar y lo mucho que le costó desprenderse de él. Luego pregúnteles cómo se sentirían si alguien les hiciera un regalo con esa actitud. Exprese cuán importante es dar con corazón agradecido, aun cuando ofrendamos. Dios quiere que manifestemos una buena actitud cuando compartimos. Una mala actitud revela un corazón mezquino. Cuando recoja la ofrenda pida a las niñas que sonrían y digan una razón de que se sientan felices al compartir.

Una vez que todas hayan ofrendado, dígales que tiene una sorpresa que podrán ver al final de la clase.

APRENDAMOS

Pida a la misma persona que ayudó la clase anterior que nuevamente se vista del apóstol Pablo, y relate la historia bíblica (Ver la página 43)

Pablo tiene una buena actitud

¡Hola niñas! ¡Qué lindo es estar aquí nuevamente! Estoy contento de ver que quieren aprender cómo compartir de Jesús.

Hoy les hablaré acerca de un momento muy difícil en mi vida. Necesitaré que me ayuden con la historia. Cuando yo me cubra la boca con la mano quiero que ustedes digan, "¡Oh, no!" porque es algo muy malo. Cuando yo aplauda ustedes dirán, "¡Viva!" y aplaudirán conmigo porque se trata de algo muy bueno. Practiquemos juntos. *(Practique varias veces antes de seguir con la historia.)*

Mi amigo Bernabé y yo fuimos a Listra y conocimos a un hombre que nunca había caminado porque era inválido. ¡Pero algo maravilloso ocurrió!

Dios sanó al hombre y muchos vieron cuando caminó. ¡Viva! Cuando la gente vio lo que había ocurrido, pensaron que mi amigo y yo habíamos sanado al hombre y dijeron: —¡Los dioses han tomado forma de hombre y han venido a visitarnos! —Ellos pensaron que éramos dioses. ¡Oh, no!

Si hubiéramos querido, podríamos haber usado esa sanidad para que nos adoraran como a dioses, pero esa no era la actitud que Jesús quería que tuviéramos. Nosotros queríamos ser humildes, como Jesús quiere que seamos. ¡Viva!

Barnabé y yo rasgamos nuestra ropa para mostrar que no aceptábamos las alabanzas y corrimos hacia la multitud. Les explicamos que nosotros éramos hombres tal como ellos y que Dios es el único que puede hacer milagros y sanidades. ¡Viva!

Había en Listra algunas personas que no nos apreciaban. Ellos hablaron mal de nosotros e hicieron que la gente se enojara. ¡Oh, no! La misma gente que había alabado me atacó con piedras y quisieron matarme. Me hirieron a tal punto que pensaron que había muerto. Me arrastraron fuera de la ciudad y me abandonaron. ¡Oh, no!

Pero Dios me protegió. ¡Viva! Mis amigos cristianos vinieron y me llevaron a la ciudad para atenderme. ¡Viva! Podríamos habernos enojado con la gente. Podríamos haberles dicho lo mal que se portaron, y haberlos odiado; pero esa no era la actitud que Dios esperaba de nosotros. A pesar del mal que nos hicieron aún debíamos compartir de Jesús. Cuando sané de mis heridas, volví a Listra porque estaba convencido de que Dios amaba a esas personas y que debían escuchar acerca de Jesús. ¡Viva!

Salmo 66:16 dice: "Voy a contarles todo lo que él ha hecho por mí". Eso es lo que yo quiero hacer. ¿Te gustaría compartir de Jesús con otros? Una vez más, vamos a repetir juntos el versículo.

ALABEMOS

Entone las canciones que tienen como tema el compartir, la canción del versículo del mes, y otras canciones favoritas de las niñas.

ESCUCHEMOS

Las niñas pueden usar sus muñecas de papel "Cristina" para representar la historia que usted les referirá.

¡Qué día más difícil!

—¡Señorita Tobar, yo por favor! —pensaba Cristina mientras la maestra Tobar escogía cinco niños de la clase que recitarían el alfabeto. Cristina había estudiado mucho y podía recitar todas las letras. Levantó la mano lo más alto que pudo para que la maestra la viera. La Srta. Tobar llamó:

—Samuel,... Graciela,... Juan,... Jorge, y...

Cristina levantó la mano aun más. La señorita Tobar miró y nombró a la última persona:

—Marianela

Cristina bajó la mano con disgusto. Su rostro había comenzado a desfigurarse en un feo puchero, pero Cristina se acordó que Jesús quiere que mantengamos una buena actitud en todas circunstancias.

—Tal vez la señorita Tobar me elija la próxima vez, —pensó Cristina y sonrió mientras los chicos recitaban el alfabeto.

Cuando llegó el recreo Cristina estaba ansiosa de saltar la soga con Juanita, Graciela, y Liliana. Sus amigas la esperaban; así que rápidamente tomó la soga y corrió al patio.

—¿Quién quiere ser primera? —preguntó Cristina.

Juanita miró la soga y se sonó la nariz.

—No quiero saltar la soga hoy. Vamos a jugar al columpio.

Las otras contestaron entusiasmadas:

—Sí, esa es una buena idea. Vamos a jugar al columpio.

Antes que Cristina se diera cuenta, todas las chicas se habían ido al columpio y ella quedó sola con la cuerda en la mano. Cristina no quería ir al columpio, pero tampoco quería jugar sola a saltar la soga. Otra vez su rostro empezó a dibujar un puchero, pero pronto se dio cuenta de que debía hacer lo mejor para mostrar una buena actitud. Cristina dio la soga a Santiago y gritó:

—¡Espérenme! —y corrió para alcanzar a sus amigas.

Cristina hubiera querido recitar de memoria el alfabeto frente a la clase, y hubiera querido saltar la soga con las niñas. Ella podría haber permitido que esas cosas le arruinaran el día, pero en vez de eso, decidió tener un lindo día. Jesús quiere que manifestemos una buena actitud aun cuando las cosas no salgan como nosotras queramos. Por nuestra actitud la gente puede ver que amamos a Jesús y que Él es nuestro motivo de estar siempre alegres.

¿Recuerdan alguna vez cuando las cosas no salieron como ustedes hubieran querido? ¿Qué actitud manifestaron? ¿Qué podrían hacer la próxima vez para tener una buena actitud?

OREMOS

Dios puede ayudarnos a ser buenas, serviciales, y felices. A veces tal vez no te sientas feliz. Hay días cuando tal vez no quieras ayudar. En esos momentos necesitas pedir que Dios te ayude a ser buena, servicial, y feliz. Dios te ama aunque estés triste, hayas tenido una mala actitud, o no ayudes cuando puedes hacerlo. Sin embargo, Dios se complace más cuando somos buenas, ayudamos a los demás, y estamos felices. Una niña pedirá a Dios que las ayude a ser buenas, serviciales, y felices.

HAGAMOS

1. Lea el título "Mi promesa" en la página 45 del *Cuaderno de la margarita*. Pida que completen los espacios en blanco con la letra que corresponda. Después de completar los espacios, lea el mensaje. Diga a las niñas que la promesa de una margarita afirma que ellas harán todo con una buena actitud para que su luz brille. Nuestra actitud debe reflejar a Jesús.

2. Haga una tarjeta para la familia que recibirá la canasta de alimentos. Doble por la mitad un pliego de cartulina para hacer una tarjeta. Con un lápiz claro, dibuje un corazón sobre la cubierta de la tarjeta. Haga que las niñas unten las manos en témpera y las impriman en el corazón que dibujó en la cubierta de la tarjeta. Si su clase no es numerosa, las niñas podrán imprimir las manos más de una vez. Dentro del corazón, escriba: "Jesús los ama y nosotros también". En el interior de la tarjeta las niñas escribirán su nombre y podrán hacer un dibujo para la familia que recibirá la canasta. Explique a las niñas que ellas manifestarán el amor de Jesús si comparten con buena actitud los alimentos.

¡Jesús los ama y nosotros también!

SALGAMOS

1. Cuando compartimos con buena actitud mostramos a la gente que Jesús vive en nosotras. Haga que las niñas jueguen y demuestren la actitud que deben mantener en las siguientes situaciones (use las siguientes situaciones u otras de su preferencia):

(1) En el hogar: tu hermano vuelca el refresco sobre tu libro favorito;

(2) En la escuela: la maestra está muy ocupada para ayudarte;

(3) En la iglesia: el pastor predica muy largo de algo que tú no entiendes;

(4) Jugando: tu mejor amigo quiere jugar con otra persona en vez de hacerlo contigo.

2. Muestre a las niñas el mismo regalo que usó durante la ofrenda. Recuérdeles que cada vez que compartamos debemos hacerlo con una actitud que muestre que Jesús vive en nuestro corazón. Enséñeles con su ejemplo, dígales cuán alegre está usted de poder compartir con ellas ese regalo. Haga que la Margarita del Día abra el paquete y lo pase al resto de la clase. Si las niñas se olvidan de agradecerle, recuérdeles con cariño que eso es parte de una buena actitud.

3. Recuerde a las niñas que la semana siguiente será la última oportunidad de traer alimentos que no se corrompen o pudren para la canasta.

COMPARTO CON MI EJEMPLO

PREPAREMOS

Trasfondo bíblico:
  Hechos 16:16-34

Objetivo:
  Las margaritas comprenderán que el ejemplo de ellas puede ser una herramienta para testificar a otros.

Materiales para la consejera:
- ❏ Canasta de alimentos
- ❏ Manzana y hoja de árbol en cartulina para cada niña
- ❏ Una vela de cumpleaños u otro tipo de vela pequeña envuelta en papel crepé
- ❏ Titere-oveja Lana Lanuda
- ❏ Cintas de color, moños, flores secas, u otros materiales para decorar la canasta de alimentos
- ❏ Cuerda para saltar

Margarita del día

Cuando prepare la lección, dé tiempo a que la Margarita del Día presente el objeto que trajo a la clase. Además planee actividades en las que ella pueda ayudar.

Entregue la carta para los padres a la Margarita del Día de la próxima semana y recuérdele que durante la semana debe preparar la presentación de un objeto de importancia para ella.

EMPECEMOS

1. Muestre la canasta a las niñas donde pondrán los alimentos que trajeron para el proyecto del mes.
2. Dé a cada niña una manzana y una hoja de cartulina para agregar al cartel de anuncios de hoy. Anímelas a pensar en otras personas y en maneras en que pueden testificar.
3. Entregue a cada niña un regalo envuelto en papel crepé. Cuando desenvuelvan el paquete-sorpresa y encuentren la vela de cumpleaños, pida que se sienten a la mesa y busquen la página 46 en el

Cuaderno de la margarita. Muestre dónde deben pegar la vela a la hoja de tarea (en las manos de la niña). Para concluir la actividad, repita con ellas el versículo bíblico.

DEMOS

La Biblia dice que debemos dejar que nuestra luz brille. Cuando ofrendamos ayudamos a que todos los grupos de Misioneritas hagan brillar su luz. Mientras recoge la ofrenda, cante con las niñas "Mi pequeña luz".

APRENDAMOS

Pida a la misma persona que ayudó la clase anterior que nuevamente se vista del apóstol Pablo, y relate la historia bíblica (Ver la página 43)

El buen ejemplo de Pablo

Mucha gente no quería que mi luz brillara y que yo compartiera de Jesús. Cierta vez mi amigo Silas y yo fuimos encarcelados. Nos quitaron la ropa, nos golpearon, y después nos encerraron. El guardia debía vigilarnos muy de cerca. El nos puso en un cepo. ¡Qué aparato más incómodo! Uno no se puede mover porque las manos o los pies los aseguran con candados. Ellos temían que nos escapáramos.

Aun cuando estábamos muy doloridos, no dejamos de alabar a Dios. A todo pulmón oramos y cantamos al Señor. Todos en la prisión podían oír. Me imagino lo que debieron de haber pensado: ¡Cómo podíamos estar tan contentos después de todas las cosas malas que nos había ocurrido!

En eso estábamos cuando todos fuimos sorprendidos por un violento terremoto. El movimiento hizo que las puertas de las celdas se abrieran y las cadenas que nos ataban se soltaran. El guardia se asustó. Tomó su espada y quiso herirse porque pensó que todos nos habíamos escapado y que él sería castigado. Cuando me di cuenta de lo que quería hacer, le grité:

—¡No te hagas daño! ¡Todos estamos aquí!

Me imagino la sorpresa del guardia cuando le dijimos que nadie había escapado. El buscó algo con qué alumbrar, entró precipitadamente a nuestra celda, y se arrojó temblando a nuestros pies. Cuando pasó todo el alboroto, nos sacó del calabozo y nos preguntó:

—Señores, ¿qué debo hacer para ser salvo?

Nosotros le dijimos que tenía que creer en Jesús. El y toda su familia fueron salvos esa noche.

Estoy feliz porque Dios es quien me ayudó a ser ejemplo para otros y vivir como seguidor de Jesús en todo momento. Gracias a la ayuda de Dios, esa noche pude compartir con el guardia acerca de Jesús. Con nuestro ejemplo todos podemos mostrar a otros el amor de Jesús. Imaginen que nuestra vida es como una luz que se enciende cuando nuestras palabras, actitudes, y acciones son como las de Jesús. Esta es una hermosa manera de compartir de Jesús con otros.

"Voy a contarles todo lo que él ha hecho por mí." ¿Van a contar a otros todo lo que Jesús ha hecho por ustedes? ¿Pueden con el ejemplo mostrar todo lo que Jesús ha hecho? ¿Podemos mencionar algunas maneras en que podemos dar un buen ejemplo?

ALABEMOS

Aparte de las canciones que tienen como tema el compartir, cante con las niñas el coro "Mi pequeña luz".

ESCUCHEMOS

Use el títere-oveja Lana Lanuda para la siguiente sección.

Lana Lanuda aprende la Promesa de las Margaritas

Consejera: ¡Adivinen quién nos visita hoy! ¡Lana Lanuda! Ella ha venido para ayudarnos a aprender algo que cada una de las Margaritas necesita saber. ¡Hola Lana! ¿Recuerdas lo que enseñarás a las margaritas?

Lana Lanuda: ¡Huy! Espero recordar todas las palabras.

Consejera: Lana, son apenas 12 palabras. Luego que empecemos seguramente será fácil recordar.

Lana Lanuda: Bien, estoy lista.

Consejera: ¿Quieres repetir después de mí?

Lana Lanuda: ¡Buena idea! Eso me ayudará a recordar todas las palabras.

Consejera: ¡Bien! Esta semana aprenderemos la Promesa de las Margaritas. Ya sabemos los colores, el lema, la canción, y el versículo bíblico. La Promesa es el último distintivo de nuestro grupo que debemos aprender. Bien, Lana, repite después de mí: Seré buena,...

Lana Lanuda: Seré buena,...

Consejera: servicial y feliz...

Lana Lanuda: servicial y feliz...

Consejera: para que mi luz brille...

Lana Lanuda: para que mi luz brille...

Consejera: por Cristo.

Lana Lanuda: por Cristo.

Consejera: ¡Bien, Lana! Fue fácil, ¿verdad?

Lana Lanuda: Sí. Quizá las margaritas quieren repetir conmigo la Promesa.

Consejera: Buena idea. Esta vez Lana nos dirigirá en la Promesa. Repitamos después de ella.

Lana Lanuda: Seré buena *(pausa)*, servicial, y feliz *(pausa)*, para que mi luz brille *(pausa)*, por Cristo. *(pausa)*. ¡Bien hecho, margaritas!

Consejera: Las margaritas hicieron un buen trabajo, ¿verdad Lana? Ahora, todas repitamos juntas.

Consejera, Lana Lanuda, y margaritas: Seré buena, servicial, y feliz para que mi luz brille por Cristo.

Consejera: ¿Lana, eres tú una ovejita buena, servicial, y feliz?

Lana Lanuda: Soy feliz, procuro ser buena, y quiero ayudar a otros.

Consejera: Me alegro por ti, Lana. Margaritas, ¿son ustedes buenas, serviciales, y felices? *(Anímelas a responder.)*

Lana Lanuda: ¿Qué debo hacer a fin de que mi luz brille para Cristo? No tengo vela ni linterna.

Consejera: ¡No las necesitas! Sólo debes compartir el amor de Jesús con otros. Así como una vela o una linterna alumbra en la obscuridad, Dios quiere que mostremos su amor a quienes están en oscuridad, ¡nosotras debemos ser las luces para ellos!

Lana Lanuda: Ya entiendo. Cuando soy buena y ayudo con alegría la gente creerá lo que hable acerca de Jesús.

Consejera: ¡Cierto! Gracias, Lanita, por ayudarnos a aprender la Promesa. ¡Tú eres una ovejita muy servicial!

Lana Lanuda: ¡Adiós! ¡No se olviden de ser buenas y estar siempre felices! *(Lana susurra la Promesa mientras se retira.)*

OREMOS

Invite a las niñas a que se acerquen al cartel de anuncios para que puedan ver las manzanas y hojas de cartulina. Debe haber diversos nombres y maneras de testificar. Use estos como tema para la oración de hoy. Si las niñas no pueden ver lo que hay en el cartel de anuncios, desprenda algunas manzanas y hojas de árbol y entregue una a cada niña. Cada una orará por la persona cuyo nombre está escrito en la manzana y pedirá también a Dios que la ayude a compartir acerca de Jesús en la manera que describe la hoja de árbol. Recuerde a las niñas que durante la semana no deben dejar de pedir a Dios que las ayude a compartir el amor de Jesús.

HAGAMOS

1. Use cintas de colores, moños, encaje, flores secas, u otros materiales para decorar la canasta de alimentos (la actividad especial del mes).
2. Pida a las niñas que completen la página 47 del *Cuaderno de la margarita.* Haga un repaso de las historias del mes y comente los diversos métodos que Pablo usó para compartir acerca de Jesús. Ayude a las niñas a recortar los dibujos que aparecen al pie de la página y pegarlos en el cuadro que describe las diversas maneras en que podemos testificar (con nuestras palabras, acciones, actitudes, y ejemplo).

SALGAMOS

1. Mientras juegan a saltar la cuerda las niñas pueden repasar las diversas maneras en que pueden compartir. A quien corresponda el turno de jugar, mientras salta, deberá nombrar algo que puede compartir, alguien con quien puede compartir, o una manera en que lo puede hacer. Todas las niñas deben tener por lo menos una oportunidad de saltar la cuerda.
2. Verifique quiénes han cumplido los requisitos para recibir la insignia "Compartir". Dedique tiempo a las niñas que no hayan cumplido con todos los requisitos. Conforme salen del salón, felicítelas por haber recibido la insignia de la unidad. Recuerde a quienes no pudieron cumplir todos los requisitos que aún pueden hacerlo durante la semana.

INSIGNIA AMAR

REQUISITOS DE LA INSIGNIA

1. Aprender de memoria un versículo bíblico cada mes:

   "Amamos a Dios porque él nos amó primero" (1 Juan 4:19—NVI)
   "Amémonos los unos a los otros" (1 Juan 4:7—NVI)
   "Amemos... con hechos y de verdad" (1 Juan 3:18—NVI)

2. Aprender y cantar con el grupo una nueva canción cada mes.

3. Completar en forma satisfactoria las hojas de trabajo en el *Cuaderno de la margarita* que corresponden a la unidad "Amar".

4. Participar en una dramatización del nacimiento de Jesús.

5. Hacer un trabajo manual y darlo como un especial regalo.

6. Invitar a una amiga a asistir a la reunión de Margaritas.

DIOS ES AMOR

PROPOSITO

El propósito de estas lecciones es que las margaritas aprendan del amor de Dios al enviar a su Hijo, y que esto como resultado produzca un amor profundo en ellas. La participación semanal en pequeños dramas sobre el nacimiento de Jesús, ayudará a las niñas a concentrarse en el verdadero significado de este glorioso acontecimiento.

PASOS A LA META

1. Memorizar 1 Juan 4:19.
2. Aprender una nueva canción.
3. Completar en forma satisfactoria las páginas del manual para este mes.
4. Participar en un drama del nacimiento de Jesús.
5. Hacer un trabajo manual para hacer un regalo.

VERSICULO PARA APRENDER DE MEMORIA

"Amamos a Dios porque él nos amó primero" (1 Juan 4:19).

ACTIVIDAD ESPECIAL

Uno de los requisitos de este mes es que las margaritas completen un trabajo manual para regalarlo a alguna persona como un acto de amor. Las instrucciones de cómo hacer una corona de amor en varias semanas están en las lecciones 2, 3, y 4. Hemos incluido esta idea como una sugerencia de lo que se puede hacer para cumplir con dicho requisito. Si usted tiene otras ideas, siéntase en libertad de escoger la que quiera en vez de la corona.

RECIPIENTE PARA LA OFRENDA

Use papel de regalo para forrar una caja y la tapa por separado. Luego haga un pequeño hueco en la tapa para depositar la ofrenda. Al final pegue un moño de regalo en la tapa.

CARTEL DE ANUNCIOS

Cubra el cartel de anuncios con tinta o papel blanco. Use un marcador grueso para escribir "Las margaritas aman a Jesús".

Pegue un dibujo de Jesús dentro de un corazón rojo y colóquelo en el centro del cartel.

Alrededor del corazón ponga fotos o dibujos de las niñas de su clase. Si usted prefiere las fotos, tómeles durante la primera semana de esta unidad. Asegúrese de incluir a todas las niñas de su clase. Pero si usted se decide por los dibujos, haga que las niñas se dibujen a sí mismas durante la hora de clase.

Si su grupo es pequeño, tal vez usted pueda colocar las fotos de las niñas en corazones para llenar el cartel. También puede agregar más fotos durante el resto del mes para ilustrar maneras en las cuales las niñas muestran su amor por Jesús.

Al final del mes podrá dar las fotos a las niñas para que las lleven a sus hogares. Cada niña puede llevar la suya, o puede repartirlas entre ellas para que oren por sus compañeras.

Patrón "Corona de amor"

(Actividad especial del mes)

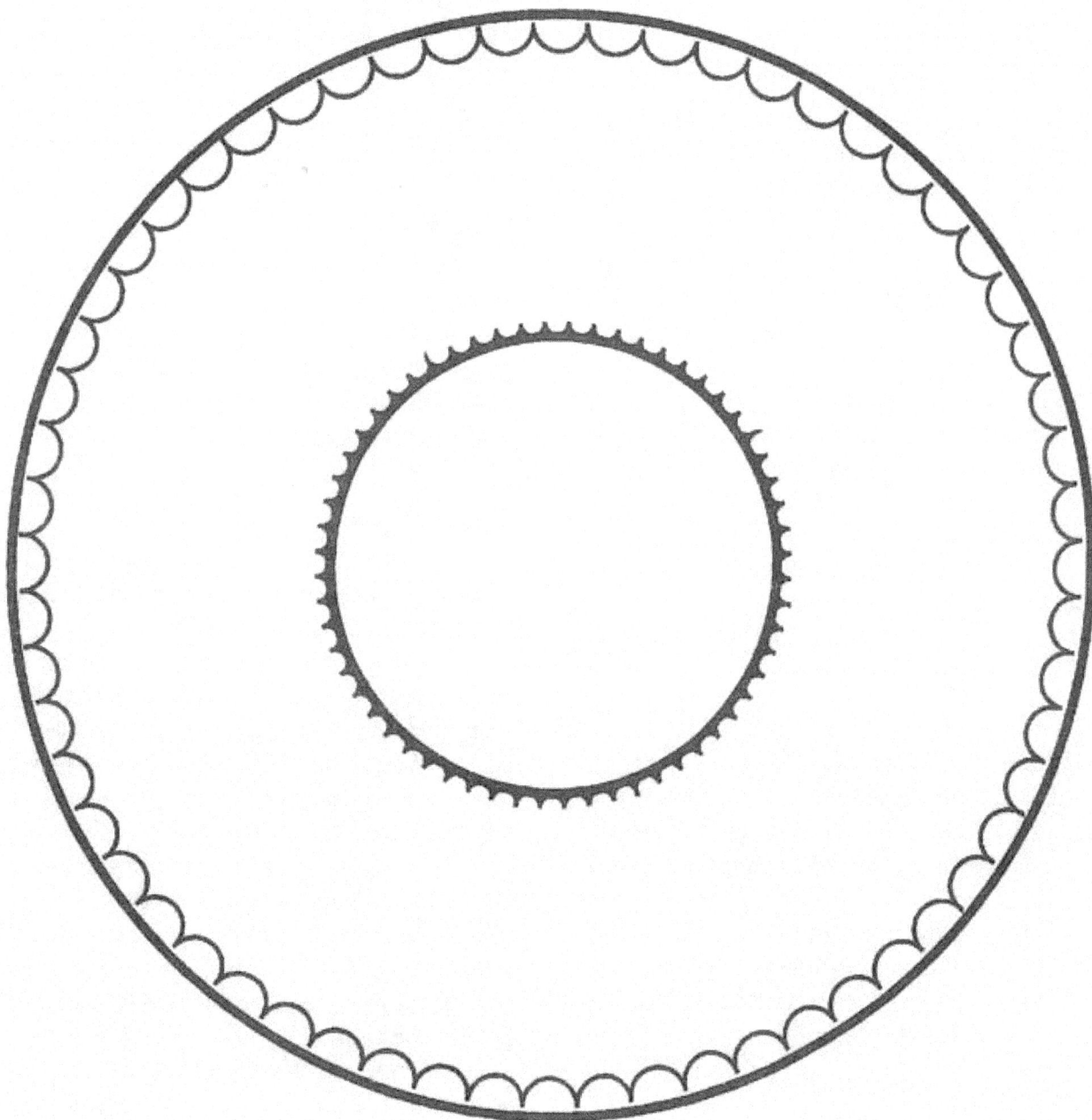

UN MENSAJE DE AMOR

PREPAREMOS

Trasfondo bíblico:
Lucas 1:26-38

Objetivo:
Las margaritas entenderán que Dios envió un mensaje de amor a María y que ese mismo mensaje de amor es para cada una de ellas.

Materiales para la consejera:
❏ Hojas de papel con mensajes escritos con un crayón blanco (por ejemplo: "¡Dios te ama!", "¡Tú eres maravillosa!", "¡Dios te hizo especial!", "¡Te amo!", etc.)
❏ Pintura al agua y pinceles
❏ Una bata blanca o capa sencilla
❏ Un manto para cubrir la cabeza de María
❏ Bulto o maleta con ropa de hombre
❏ Tiras de papel con los mensajes que se incluyen en la historia de la sección "Escuchemos"
❏ Una cartulina para cada una
❏ Una cámara fotográfica, o una hoja de papel para cada una (para el cartel de anuncios; Vea la página 60.)

MARGARITA DEL DIA

Cuando prepare la lección, dé tiempo a que la Margarita del Día presente el objeto que trajo a la clase. Además planee actividades en las que ella pueda ayudar.

Entregue la carta para los padres a la Margarita del Día de la próxima semana y recuérdele que durante la semana debe preparar la presentación de un objeto de importancia para ella.

EMPECEMOS

Antes de la clase, use un crayón blanco para escribir varios mensajes sobre hojas del mismo color (por lo menos tantas hojas como niñas en su clase). Conforme las margaritas vayan llegando, dé a cada

niña una hoja de papel y deje que usen pinturas al agua para pintar la hoja. Como la pintura no se va a adherir al crayón, los mensajes van a verse en blanco. Lea el mensaje a las niñas. A medida que trabajen, comente lo bueno que es recibir mensajes, especialmente mensajes de amor. Dígales que hoy aprenderán de un mensaje especial que Dios envió a todos.

DEMOS

Haga una breve oración por la ofrenda. Use la caja forrada para recoger la ofrenda. Conforme pasan la caja de la una a la otra, pídales que cada una susurre (al oído de la compañera a quien se le entrega la caja) este mensaje: "Dios me ama y te ama también". Al final, haga que todas digan al unísono y en voz alta el mismo mensaje.

APRENDAMOS

Como parte de los requisitos de la insignia Amar, cada niña debe participar en la historia bíblica dramatizada. Este mes, todas las historias de la sección "Aprendamos" serán narradas por la consejera, y las margaritas representarán a los personajes. Durante el mes, dé oportunidad a cada una para que actúe en al menos una de las historias bíblicas. Se recomienda que usted tenga la biblia abierta en la mano mientras narra la historia, para dar énfasis en lo verdadero del relato.

Las niñas estarán más entusiasmadas en el drama si consigue algunos disfraces y objetos que ellas puedan usar. En la lección de cada semana usted encontrará una lista de materiales que sugerimos. Si por alguna causa usted no puede obtenerlos, puede usar lo que le parezca.

Para esta lección necesitará: una bata blanca o capa sencilla para el ángel; y un manto para cubrir la cabeza de María.

Pida a una de las niñas que haga de ángel y otra de María. Ayude a las dos a ponerse su "disfraz" y a estar listas para representar sus papeles. "María" se sienta frente al grupo, y "el ángel" se mantiene de pie y un poco retirado del grupo para comenzar.

Un ángel visita a María con un mensaje de amor

Esta es María. Ella vive en Nazaret de Galilea. María está comprometida a casarse con un hombre llamado José. María ama mucho a Dios. Ella siempre busca obedecerlo en todo.

Un día Dios envió su mensajero especial, el ángel Gabriel, para visitar a María. *(Entra "el ángel".)*

—Saludos, María. El Señor es contigo, —le dice el ángel.

María estaba muy sorprendida. *(María muestra sorpresa ante el saludo del ángel.)* A lo mejor se asustó cuando el ángel seguía hablándole, porque le dijo:

—María, no tengas miedo. Dios me ha mandado a darte un mensaje muy especial. Mi mensaje te mostrará a ti y a todo el mundo cuán grande, pero cuán grande de verdad es el amor de Dios para todos. Este es mi mensaje: Dios quiere que des a luz un hijo, que será el Hijo de Dios. Este hijo se llamará Jesús. *(María inclina la cabeza como si estuviera pensando mucho.)*

Quizá María se quedó sentada, muy pensativa. El ángel le había dado un mensaje maravilloso, pero la dejó muy sorprendida. María iba a dar a luz un bebé, un bebé muy especial. A lo mejor se quedó preguntándose: "¿qué dirá José? ¿cómo aceptará la noticia su mamá y su papá?" Es posible que comenzará a contemplar la gran responsabilidad de cuidar a un chiquito. *(María levanta la cabeza y se postra ante el ángel en señal de someterse a la voluntad de Dios.)*

Antes que el ángel se apartara de María, ella le dijo:

—Yo haré todo lo que Dios pida de mí.

(Agradezca a las niñas que participaron y mencione que ahora vamos todas a pensar un poco en cómo nos toca hoy la historia que acabamos de escuchar.)

María amaba mucho a Dios. Ella confió en Dios y en su amor al tomar la decisión de dar a luz y cuidar de su Hijo, Jesús. Dios sabía cuanto María lo amaba y por esto la escogió para que cuidara del niño Jesús. Era una tarea muy importante, porque el Señor Jesucristo, el Hijo de Dios, vendría al mundo para proveer a todos la salvación de los pecados.

Hoy también Dios sigue buscando a personas como María que lo amen mucho, y que estén dispuestas a obedecer su Palabra. ¡Qué maravilloso mensaje trajo el ángel a María! ¿verdad? ¿Sabían ustedes que Dios mandó un mensaje especial para todas nosotras también? El no nos dijo como María que tenemos que cuidar a un bebe, pero nos dio a entender que nos ama mucho. El nos ama tanto que envió a su Hijo a la tierra para salvarnos. Estoy tan agradecida de Dios porque El me ama. Nuestro versículo del mes para memorizar dice: "Amamos a Dios porque él nos amó primero" (1 Juan 4:19). Vamos a repetirlo juntas.

ALABEMOS

Uno de los requisitos para esta unidad es que las niñas aprendan canciones nuevas todos los meses, ya que este mes enfatizamos en el amor mutuo de Dios y nosotros. Por eso, sería bueno incluir alguna canción que tenga el mismo tema. Aquí incluimos algunas canciones bien conocidas que hablan del amor de Dios. Usted puede agregar otras canciones que conozca. Sería bueno si usted puede representar las canciones con dibujos que ayuden a las niñas a entender el tema del mes, y que a su vez aprendan algunos ademanes con la canciones.

"Cristo me ama", "El amor de Dios es maravilloso", "Cuánto nos ama Jesús", "Cristo ama a los niños", "Su bandera sobre mi es amor", "Ancho cual es el océano", "El amor de Dios es grande" (del casete, *Así es el amor de Dios*).

ESCUCHEMOS

Saque el bulto o la maleta, ya preparada con ropa de hombre; tenga a mano las cuatro tiras de papel con los mensajes escritos como se indicó. Pida a las niñas que escuchen atentamente el cuento de Cristina, para que sepan que van a escuchar repetidas veces la palabra clave: MENSAJE. Explíqueles que usted quiere que cada vez que oigan la palabra MENSAJE o MENSAJES, muestren que se dieron cuenta por cerrar y abrir los ojos. Permita que practiquen un poco antes de iniciar el cuento, y hágalo usted con ellas.

Papi sale de viaje

El señor Méndez, padre de Cristina, ya había preparado la maleta para salir a un corto viaje. El estaría ausente de la casa por varios días. Tomaría el autobús que lo llevaría a otra ciudad donde atendería algunos asuntos de negocios. Antes que Cristina se despertara al día siguiente, su papá ya se habría ido.

Cristina y su mamá decidieron escribir MENSAJES breves en tiras de papel. Cristina hizo además unos dibujos para su papá. *(Muestre los papeles.)* Los MENSAJES escritos en tiras de papel decían: "Te extrañamos mucho", "Te amamos de corazón", "Vuelve pronto, papá", y "¡Que duermas bien!"

Cristina y su mamá escondieron los MENSAJES entre la ropa que él iba a llevar de viaje, sacándola y guardándola otra vez con mucho cuidado. El cariñoso MENSAJE "¡Que duermas bien!" se colocó en la manga de la pijama. Cristina puso una de sus notas con dibujos dentro de un calcetín de su papá. Cuando todos los MENSAJES fueron escondidos, la mamá de Cristina cerró la maleta. *(Haga todo lo dicho mientras usted narra.)*

Cuando Cristina despertó a la mañana siguiente, su papá ya se había marchado. Ella se vistió para ir a la escuela y fue a la cocina para desayunar. Sobre la mesa había un MENSAJE para ella que decía: *(Muestre y lea la nota del papá.)*

"Querida Cristina,
Te amo mucho. Espero que aprendas mucho en la escuela. Pórtate bien y ayuda a tu mamá.
Con mucho cariño, papá"

Cristina sonreía mientras su mamá leía el MENSAJE, y muy feliz comenzó a tararear su coro predilecto. *(Tararee un poco de un coro conocido.)*

Pasaron unos días. Cristina y su mamá extrañaban mucho a papá. Cristina recordaba el MENSAJE de su papá y siempre hizo un gran esfuerzo por portarse bien. También ayudaba a su mamá después de la cena a fregar y secar los platos.

Como a los tres días después de la salida del señor Méndez, una sorpresa esperaba a Cristina al regresar de la escuela. Su mamá la había recibido del cartero. ¿Saben qué fue la sorpresa? *(Permita respuestas.)* ¡Sí! ¡Había llegado una carta para ella! Cristina sabía que la carta le traía algún MENSAJE. Este MENSAJE lo había enviado su papá y decía:

A mi muy amada Cristina,

¿Cómo estás? Espero que te haya gustado el MENSAJE que te dejé en casa.

Quiero que sepas que encontré los MENSAJES tuyos en mi maleta. Gracias por estas sorpresas tan agradables.

Extraño mucho a ti y a tu mamá. Todo me va muy bien, gracias al Señor. Dios mediante estaré de regreso a la casa dentro de tres o cuatro días.

¡Te amo mucho! Besos y abrazos para ti y tu mamá. ¡Hasta pronto!

Con mucho amor,

tu papá

Cristina estaba tan contenta. Ella había enviado MENSAJES a su papá y él respondió enviando una carta a ella. ¡Cuántos deseos tenía ella de verlo!

OREMOS

Lo mismo que un padre como él de Cristina ama a sus hijas e hijos, así es nuestro Padre Dios que está en el cielo. ¡El nos ama más de lo que podemos jamás imaginar! Y a Dios le encanta recibir MENSAJES de parte nuestra. Su corazón se alegra cuando sabe que sus hijos y sus hijas lo aman. A El le gusta mucho que le enviemos nuestros MENSAJES de amor. ¿Sabe cómo podemos hacer esto? *(Permita respuestas.)* Sí, al hablar con El en la oración le estamos enviando un MENSAJE de amor. ¿Quieren hacerlo ahora conmigo?

Guíe a las niñas en oración, y déles gracias por su amor. Pida que una niña ore y dé gracias a Dios por enviar al mundo a su Hijo Jesucristo. Pida que las niñas compartan con el grupo sus peticiones de oración. Oren por cada necesidad que se menciona. Termine agradeciendo a Dios el amarnos tanto, y por escuchar y responder nuestras oraciones.

HAGAMOS

1. Permita que las niñas pinten el ángel de la página 53 del *Cuaderno de la margarita*.

2. Cuando terminen de colorear el ángel, pueden recortarlo junto con el mensaje. Después, cada niña puede pegar el ángel en cartulina y el mensaje cerca de la boca del ángel. Mientras las niñas trabajan recuérdeles que Dios considera a cada una de ellas una manera muy especial. Repasen otra vez el versículo bíblico, una por una, y al final todas juntas.

Tengo un mensaje de amor para ti

3. Si usted decidió tomar fotos de cada niña este mes para el cartel de anuncios, aproveche esta oportunidad de hacerlo. Si es que usted ha optado que las niñas se dibujen a sí mismas, deles una hoja y crayones o lápices de color, y enséñeles cómo dibujarse a sí mismas con sus amigas en la clase de Margaritas.

SALGAMOS

1. Complete la hoja para la "Margarita del Día" de la página 51 del *Cuaderno de la margarita*. Decida con antelación, quizá en orden alfabético, quién será la Margarita del Día para cada semana durante los próximos tres meses. Permita que cada niña escriba su nombre en la hoja de la semana que le corresponda. Guarde la hoja para usarla todas las semanas.

2. Para recordar a las niñas que Dios ama a cada una de ellas practique el siguiente juego: haga que las niñas se sienten en un círculo, luego escoja a una de ellas. Ella tiene que pasar atrás de cada margarita y tocar sus cabezas. Al tocar la cabeza de cada una, ella dirá: "Dios ama, ama, ama, ama...¡a Rosa!" (en vez de decir Rosa, que ella diga el nombre de la niña que tocó). Esa niña que fue tocada (Rosa) tiene que correrla hasta tocar a la margarita que la tocó, pero la otra margarita tiene que correr rápido y dar toda la vuelta y sentarse donde "Rosa" estaba antes. Continúe jugando hasta que sus padres vengan a buscarlas.

UN REGALO DE AMOR

PREPAREMOS

Trasfondo bíblico:
Lucas 2:1-20

Objetivo:
Las margaritas comprenderán que Dios envió a su Hijo Jesús al mundo para salvarnos y responderán ante esta verdad.

Materiales para la consejera:
- ❑ Un cuadrado de papel de regalo (20 x 20 cm) para cada una
- ❑ Un manto para cubrir la cabeza de María
- ❑ Un muñeco para representar a Jesús
- ❑ Túnicas para José y el mesonero
- ❑ Tres palillos de helado para cada una
- ❑ Cartón de la "corona de amor"
- ❑ Cuadrados pequeños de papel crepé en diversos colores

MARGARITA DEL DIA

Cuando prepare la lección, dé tiempo a que la Margarita del Día presente el objeto que trajo a la clase. Además planee actividades en las que ella pueda ayudar.

Entregue la carta para los padres a la Margarita del Día de la próxima semana y recuérdele que durante la semana debe preparar la presentación de un objeto de importancia para ella.

EMPECEMOS

Conforme llegan, haga que coloreen y recorten los círculos y el lazo que están en la página 55 del *Cuaderno de la margarita*. Ayúdelas a pegar los moldes en el orden correcto, en el cuadrado de papel de regalo, según la ilustración. Mientras trabajan, diga a las margaritas que hoy aprenderán acerca de un especial regalo de amor que Dios nos dio. Repase el versículo bíblico.

DEMOS

Anuncie que el tema de esta lección es "Un regalo de amor". Explique que Dios, cuando envió a su Hijo, nos dio un regalo a cada una.

A medida que se recojen las ofrendas, haga que cada una mencione un regalo favorito que recibió en su cumpleaños o en Navidad. Pida que la Margarita del Día ore por las ofrendas.

APRENDAMOS

Escoja tres niñas para que participen en el drama de hoy, una para que haga de José, otra de María, y otra del mesonero. Provea disfraces sencillos, como un manto para la cabeza de María, un muñeco para representar a Jesús, y túnicas para José y el posadero.

Nacimiento de Jesús

El emperador, Augusto César, publicó una ley para que todo el mundo fuese contado en un censo. Cada uno debía regresar al pueblo donde había nacido para ser contado. José y María tuvieron que viajar a Belén. Fue un largo viaje. Caminaron mucho, y estaban muy cansados. Necesitaban un lugar donde descansar. Eran los días en que María tendría su bebé. José encontró una posada y llamó a la puerta.

—¿Podemos mi esposa y yo pasar la noche aquí? —preguntó José al posadero.

—Lo siento, pero no tenemos lugar en la posada. Pueden quedarse en el establo, si quieren —les dijo.

José y María pasaron la noche en un establo. En el lugar donde dormían los animales, María dio a un luz al niño Jesús. La Biblia dice que lo envolvió en pañales y lo acostó en un pesebre. ¡Qué felicidad para José y María!

Este era un bebé muy especial. La semana pasada aprendimos acerca del mensaje que el ángel comunicó a María. ¿Recuerda alguna de ustedes cuál fue el mensaje? ¡Sí, ella daría a luz al Hijo de Dios!... ¡Ese niño era el Hijo de Dios!...

Dios envió este hermoso regalo, no sólo a María, sino a todos nosotros. Dios nos ama a todos, pero el pecado nos separa de Él. Dios quería limpiarnos de nuestros pecados, y la única manera de hacerlo era a través de un ser perfecto. Jesús, el Hijo de Dios, era perfecto. Él fue el regalo de amor de Dios para nuestra salvación. ¡Qué regalo más maravilloso! ¡Dios nos amó tanto que envió a su Hijo! El apóstol Juan, en su primera carta, dice: "Amamos a Dios porque él nos amó primero" (1 Juan 4:19). ¿Qué regalo nos dio Dios para mostrarnos su amor? ¿Amas a Dios tú tambien? Repitamos de nuevo el versículo.

(Este es un buen momento para presentar el plan de salvación e invitar a las margaritas a aceptar a Jesús como Salvador.)

ALABEMOS

Puesto que las margaritas están estudiando acerca del nacimiento de Jesús, sería buena idea cantar canciones de Navidad, tales como "Noche de paz" y "Venid pastorcillos". Explique a las niñas que podemos cantar del nacimiento de Jesús en cualquier fecha del año. Cante también algunas de las canciones sobre el amor de Dios que se recomienda en la lección 1.

ESCUCHEMOS

Pida a las niñas que durante la historia, cada vez que usted mencione la palabra "lluvia" o "llover", con la punta de los dedos golpeen la cubierta de la mesa para imitar el sonido de la lluvia. Practique varias veces antes de comenzar.

La lluvia

Cristina estaba triste porque al llegar a la casa de tía Karina, comenzó a **llover**. Todos los días había pensado en los castillos de arena que construiría en la playa. Tía Karina notó que Cristina estaba triste.

—¿Disfrutaste el viaje? —preguntó la tía.

—Sí, pero ¿dónde se fue el sol? —preguntó Cristina a punto de llorar. Tía Karina la abrazó y le dijo:

—Hemos tenido días de mucho calor y hacía falta una buena **lluvia**. —Cristina no respondió. Todos los demás se gozaban y conversaban de cosas que habían ocurrido desde la última vez que se habían visto.

Enrique estaba muy contento de ver a Cristina otra vez. La llevó donde tenía sus juguetes. Pero Cristina jugaba sin deseos porque quería ir a la playa. Más tarde,

Cristina ayudó a mamá a ordenar la ropa y entregar los dulces que habían traído.

El siguiente día, en cuanto abrió los ojos Cristina se asomó a la ventana para ver si había dejado de **llover**. El cielo todavía estaba nublado; todo indicaba que continuaría **lloviendo**. Enrique y Cristina nuevamente tendrían que jugar dentro de la casa.

Cristina no tenía deseos de jugar pero repentinamente recordó algo que cambió las cosas. Dios se agrada cuando manifestamos una buena actitud aunque las cosas no resulten como esperamos. Cristina oró a Dios:

—Querido Dios, tú sabes cuánto deseaba que hubiera un lindo día para poder ir a la playa. Pero aunque **llueva** todo el día, prometo estar feliz.

Cristina se sentó a la mesa y comenzó a dibujar y colorear con Enrique.

Repentinamente, Enrique con entusiasmo señaló hacia la ventana:

—¡Ya no **llueve**! —Cristina de un salto fue a la ventana, y dijo:

—¡Ha dejado de **llover**! ¡Mami, Mami, ya no **llueve**! —repetía con mucha alegría.

—Dios nos ha dado regalos maravillosos,— dijo la mamá. —El sol es uno de ellos. Dios nos dio el más precioso regalo.

—Su Hijo, Jesús,— exclamó Cristina—, y mi otro regalo favorito es un sol radiante —agregó Cristina, mientras miraba el cielo despejado—. ¡Gracias, Dios, por darnos la luz del sol!

¿Pueden ustedes mencionar algunos regalos que Dios nos ha dado para mostrarnos su amor? *(Permita que las niñas repondan. Mencione la familia, salud, alimentos, hogar, etc.)*

OREMOS

Repita con el grupo el versículo bíblico. Después, pida que cada una lo diga mientras substituye su propio nombre: "Amo a Dios porque él amó a _____ primero".

Durante el tiempo de oración ponga énfasis en el nacimiento de Jesús. Permita que las que deseen agradezcan a Dios por enviar a su Hijo a la tierra.

HAGAMOS

1. Haga que completen la página 57 del *Cuaderno de la margarita*. Las niñas escribirán el nombre de

ellas sobre la línea y luego colorearán el niño Jesús. Ayude a cada una para que pegue los palillos de helados en el pesebre.

2. Uno de los requisitos para la insignia "Amar" es que las niñas hagan un trabajo manual para regalar como muestra de amor *(ver la página 60).* Si usted ha encontrado un trabajo manual apropiado para su grupo, este es el momento de que ellas comiencen a trabajar. Si usted quiere aprovechar "la corona de amor" que se sugiere, provea a cada una un patrón de cartón y cuadrados de papel crepé. Escriba el nombre de la niña en la parte de atrás del cartón. Muestre cómo envolver el papel crepé alrededor del dedo índice, untar la punta del dedo en goma, y pegar el papel crepé al cartón para formar la corona. Las niñas cubrirán el cartón con papel crepé. Coloque las coronas en un lugar seguro para que se sequen. Las niñas podrán continuar el trabajo la siguiente clase.

SALGAMOS

1. Mientras esperan el término de la clase, repita con ellas el versículo bíblico y permita que usen los disfraces para repasar la lección de esta semana y de la semana anterior.

2. Conforme salen, recuérdeles que Dios nos dio el mejor regalo de todos.

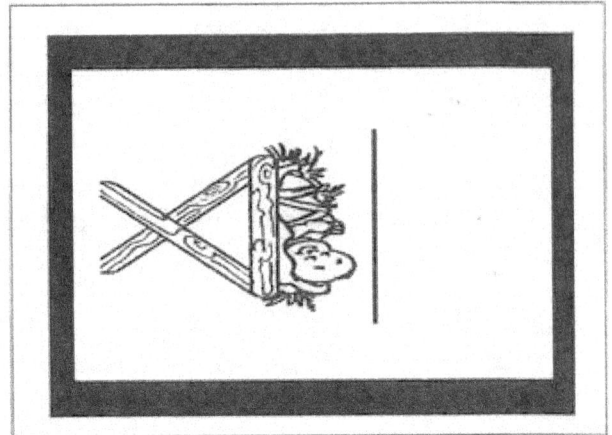

UNA CANCION DE AMOR

PREPAREMOS

Trasfondo bíblico:
   Lucas 2:8-15

Objetivo:
   Las margaritas comprenderán la importancia de alabar a Dios cada día.

Materiales para la consejera:
- ❏ Nueve notas musicales según el patrón que aparece en la página 71. Escriba una palabra del versículo bíblico en cada nota
- ❏ Trabajo manual que comenzaron la semana pasada (corona de amor)
- ❏ Cuadrados de papel crepé de varios colores
- ❏ Cartón para la corona de amor que sedará a las niñas que estuvieron ausentes la clase anterior
- ❏ Aureolas para las que actuan de ángeles
- ❏ Sábanas pequeñas para vestimenta de los pastores
- ❏ Retazos de tela
- ❏ Algodón
- ❏ Lana
- ❏ Tocacintas (opcional)

MARGARITA DEL DIA

Cuando prepare la lección, dé tiempo a que la Margarita del Día presente el objeto que trajo a la clase. Además planee actividades en las que ella pueda ayudar.

Entregue la carta para los padres a la Margarita del Día de la próxima semana y recuérdele que durante la semana debe preparar la presentación de un objeto de importancia para ella.

EMPECEMOS

1. Antes que lleguen las margaritas, esconda las notas musicales en diversas partes del aula. Cuando la mayoría haya llegado, haga que las busquen. Después que hayan encontrado las notas, ayúdelas a ordenar correctamente el versículo bíblico del mes. Pegue las notas en un cartel o en la pared del aula.

2. Las niñas continuarán trabajando en la corona de amor (u otro trabajo manual) que comenzaron en la clase anterior. Algunas pueden ayudar a las que no estuvieron presentes.

DEMOS

En Salmo 71:6 David dice a Dios: "Siempre te alabaré". A Dios le gusta cuando lo alabamos. Nosotras podemos alabarlo aun cuando ofrendamos. Hoy vamos a cantar al Señor mientras recogemos la ofrenda. Ore por la ofrenda y luego dirija a las niñas en el coro "Alelú, Alelú". Cada vez que canten la parte que dice "gloria a Dios", ellas deberán pasar la ofrenda a la niña que está al lado.

APRENDAMOS

Esta será otra historia dramatizada por las niñas. Todas deberían participar. Divida el grupo en tres grupos pequeños: ángeles, pastores, y ovejas. Provea aureolas para los ángeles. Use sábanas pequeñas como vestimenta para los pastores. Las ovejas pueden recostarse en el piso.

Los ángeles alaban a Dios

Era una noche serena y los pastores cuidaban sus ovejas. Los corderos pequeños dormían felices al lado de su mamá.

De repente un ángel del Señor apareció a los pastores. Los pastores tuvieron mucho miedo. Pero el ángel les dijo: "No tengan miedo. Traigo buenas noticias, hoy ha nacido un Salvador, que es Cristo el Señor" (Lucas 2:10,11).

Seguro que los pastores se miraron con los ojos muy abiertos por el asombro. ¡Qué emoción! ¡El Salvador del mundo ha nacido y Dios envió un ángel para anunciar a los pastores la maravillosa noticia!

En seguida el cielo se llenó de ángeles que decían a coro:

—¡Gloria a Dios en las alturas!

Si tú hubieras sido uno de los pastores, ¿qué habrías hecho? (*Anime a las que representan a los pastores a mostrar cómo respondieron estos a la visita de los ángeles.*)

Algunos de los pastores quizá lloraron de gozo. Tal vez otros quedaron paralizados, y otros rieron.

Cuando los ángeles desaparecieron, los pastores fueron a Belén para ver al niño Jesús que había nacido. Tal vez iban al pueblo cantando y alabando a Dios. ¡Qué noche tan maravillosa! ¡Y qué buena noticia!

¿Saben que nosotras podemos cantar y alabar a Dios así como los ángeles y los pastores? ¡Qué manera tan hermosa de mostrar a Dios nuestro amor! ¿Se acuerdan del versículo que debemos memorizar este mes? (*Permita que respondan.*) Muy bien. Repitámoslo juntas: "Amamos a Dios porque él nos amó primero" (1 Juan 4:19). Cuando cantamos y alabamos mostramos a Dios cuánto lo amamos.

ALABEMOS

Una canción apropiada para cantar sería, "Ángeles cantando están". Entone otras canciones que traten del amor de Dios y que le den gloria. Luego de entonar algunas canciones de ritmo rápido, anime a las niñas a cantar al Señor en actitud de meditación. Uno de los coros podría ser "Aleluya". La palabra "Aleluya" simplemente significa "Gloria a Dios". Invite a las niñas a cerrar los ojos y alzar las manos como expresión de adoración.

ESCUCHEMOS

Cristina va a la playa

Cristina exprimió la masa con mucha energía. Ella iba a hornear unas ricas galletitas para llevar a la playa. Mamá la ayudaba con la harina. Estaban tan contentas que comenzaron a cantar. (*Entone una canción conocida.*)

—Me gusta cantar al Señor, mamá —dijo Cristina mientras hacía bolitas de masa y las aplastaba con la palma de la mano.

—Oh, a mi también me gusta —dijo mamá—, ¡pero Dios lo disfruta más que nosotras! ¡A Él le encanta escucharnos cantar y alabarlo. ¡Lo lindo es que

podemos cantar en todo lugar y en todo tiempo, aun cuando hacemos galletitas! —dijo mamá mientras probaba el producto de la primera horneada.

Cristina y su mamá cantaron hasta que acabaron su labor; ya estaban listas para el viaje. Tía Karina entró a la cocina:

—Ya es hora de irnos —dijo a Cristina y a mamá. Cristina estaba tan contenta. Estaba ansiosa de llegar a la playa y poder jugar en el agua y hacer castillos de arena. Todo el año había esperado estas vacaciones.

Papá y Enrique ayudaron con los bultos más pesados hasta la parada de ómnibus. (*Entone otra canción de alabanza.*)

—Tenemos tantas cosas que agradecer a Dios, ¿verdad papi? —dijo Cristina.

—¡Por supuesto que sí! Dios nos muestra su amor de tantas maneras. ¡Es maravilloso decir en nuestras canciones cuánto amamos a Dios! —afirmó papá. Todos cantaron a Dios hasta que llegaron a la playa.

OREMOS

Explique a las margaritas que orar es hablar con Dios. Nosotras podemos hablar con Dios de diferentes maneras, una de esas es cantar y alabar su nombre. Hoy nosotras hemos cantado muchos coros al Señor, pero ahora en nuestra conversación diremos a Dios que estamos agradecidas. Pida a las niñas que digan una oración de alabanza y agradecimiento a Dios. Luego diríjalas en oración por las necesidades.

HAGAMOS

1. Las niñas completarán el dibujo de los pastores y las ovejas en el *Cuaderno de la margarita*, página 59. Ayúdelas a pegar los retazos de tela a modo de ropa para los pastores, y algodón a las ovejas. Las niñas abrirán los agujeros marcados en la estrella e introducirán una hebra de lana para cubrir la línea quebrada. Si la actividad es difícil para las niñas, corte la hebra de lana y péguela sobre la línea de puntos.
2. Las niñas harán un ángel cantando alabanzas a Dios. (*Ver la página 61 del Cuaderno de la margarita.*) Primero deben colorear y recortar el dibujo, y por último deben unir con goma las dos puntas del vestido del ángel. Entone canciones de alabanza mientras las niñas trabajan.

SALGAMOS

1. Antes de finalizar, invite a las niñas a jugar "sillas musicales". Si tiene un tocacintas, use una cinta que tenga canciones que las niñas conozcan. Si no tiene tocacintas, cante coros de alabanza. Ordene las sillas en un círculo, y en número suficiente para todas las niñas. Una de ellas debe quedar sin silla. Las niñas deben caminar alrededor de las sillas mientras se oye la música. Cuando usted detenga la música o deje de cantar, ellas rápidamente deben buscar un asiento. Una de las niñas quedará sin silla. Invítela a que la ayude a cantar o aplaudir mientras las demás juegan. Cada vez debe quitar una silla. El juego concluye cuando una de dos niñas ocupa la última silla.

2. Cuando las niñas salgan del salón pida que digan una razón de que aman a Dios.

UN ACTO DE AMOR

PREPAREMOS

Trasfondo bíblico:
   Mateo 2:1-12

Objetivo:
   Las margaritas madurarán en su amor por Dios y comprenderán que la obediencia es un acto de amor.

Materiales para la consejera:
- ❏ Estrellas con el centro pintado con cera de vela o crayón blanco; una para cada niña *(ver el patrón en la página 74)*
- ❏ Marcadores o témpera
- ❏ Tres coronas y regalos para los magos de oriente
- ❏ Una frazada y un muñeco para María
- ❏ Un manto para José
- ❏ Cinco afiches con las siguientes palabras: Asistir, Mostrar nuestra fe, Alabarlo, Dar ofrendas, Obedecer. La primera letra de cada palabra o de cada frase debe ser notablemente más grande que el resto. *(Ver la sección "Escuchemos".)*
- ❏ Polvo brillante (brillantina)
- ❏ Corazones de cartulina roja o papel de regalo; tres para cada niña
- ❏ Cuadrados de papel crepé de varios colores
- ❏ Una cinta roja para cada niña

MARGARITA DEL DIA

   Cuando prepare la lección, dé tiempo a que la Margarita del Día presente el objeto que trajo a la clase. Además planee actividades en las que ella pueda ayudar.

   Entregue la carta para los padres a la Margarita del Día de la próxima semana y recuérdele que durante la semana debe preparar la presentación de un objeto de importancia para ella.

EMPECEMOS

   Antes de la reunión, recorte una estrella en cartulina blanca para cada margarita. Use un crayón blanco o una vela para marcar una estrella pequeña en el centro del dibujo. *(Ver el patrón en la página 74.)*

Ponga las estrellas en una mesa. Conforme llegan, invítelas a tomar una estrella y pintarla con témpera o marcadores. La pintura cubrirá la cartulina, excepto la estrella pequeña en el centro. Explique que hoy aprenderán acerca de una estrella muy especial que llevó a unos hombres a donde estaba Jesús.

DEMOS

   Pregunte a las niñas qué sensación les produce contemplar las estrellas. ¿Qué les gusta? ¿Qué piensan? Explique que las estrellas también son obra de Dios para mostrarnos su amor. Cuando miramos las estrellas podemos pensar que amamos a Dios y que queremos obedecerlo. Antes de recoger las ofrendas, pregunte si alguna quiere orar por las ofrendas.

APRENDAMOS

   Las niñas harán la dramatización mientras usted refiere la historia. Escoja las que harán de magos, María, y José. Ponga una corona en la cabeza de las que harán de magos. Haga que estas sostengan un regalo. Ponga una frazada sobre el hombro de María y haga que sostenga en brazos el muñeco. Ponga un manto en la cabeza de José.

La estrella que guió a los magos

   ¿Recuerdan quiénes fueron los primeros que visitaron a Jesús? Sí, un ángel anunció a los pastores, y estos de inmediato fueron a ver al niño. Después, Jesús tuvo más visitantes. Estos hicieron un largo viaje para conocerlo. ¿Quiénes eran? La Biblia los llama "magos"; eran hombres muy sabios.

   Los magos buscaron al niño porque querían adorarlo. Cuando llegaron a Jerusalén preguntaron al rey Herodes dónde podían encontrar al niño. El rey llamó a los hombres sabios de su reino y les preguntó dónde iba a nacer el Hijo de Dios. Ellos respondieron que el niño debía nacer en la ciudad de Belén.

   Herodes era muy celoso y no quería la llegada de otro rey. El dijo a los magos que fueran a Belén y que cuando encontraran al niño le avisaran del lugar preciso dónde encontrarlo.

Los magos fueron a Belén en busca de Jesús. *(Sostenga en alto una estrella mientras narra la historia. Camine lentamente y haga que los magos la sigan a donde están María y el niño.)* Cuando vieron la estrella se regocijaron. Esta los guió exactamente hasta Jesús.

Cuando los magos llegaron al lugar encontraron a Jesús con su madre María. Cuando lo vieron se postraron y lo adoraron. ¡También tenían regalos! Le dieron oro, incienso, y mirra.

Los magos recordaron el encargo de Herodes, pero un ángel del Señor les advirtió que no volvieran a Jerusalén. Ellos obedecieron a Dios y regresaron a su tierra por otro camino.

Dios se alegra cuando hacemos lo que nos pide. Los magos también deben haber alegrado a Dios. Ellos siguieron la estrella, adoraron a Jesús, y obedecieron una advertencia. Nosotras también podemos mostrar que amamos a Dios. Así como los magos siguieron la estrella para conocer a Jesus, nosotras podemos conocer mejor a Jesús cuando obedecemos. Cuando obedecemos mostramos amor a Dios con nuestras acciones.

(Verifique que todas tengan la oportunidad de participar en una de las historias bíblicas de este mes. Marque en el Cuaderno de la margarita cuando completen este requisito.)

ALABEMOS

Entregue una estrella a la Margarita del Día y pida que la levante para que todas la vean. Entonen canciones de amor a Dios mientras, tomadas de la mano, todas siguen la estrella. Dé oportunidad para que las niñas vayan al frente de esta procesión. Entone la canción del mes, y asegúrese de que las niñas la aprendan.

ESCUCHEMOS

Seleccione cinco niñas con el fin de que la ayuden a sostener los afiches que preparó para esta sección. Cuide que la escritura en los afiches quede oculta a la vista de las demás niñas. Si su clase es pequeña, pida a las niñas que sostienen los afiches que se paren y formen un círculo para que puedan leer lo que está escrito en los otros afiches.

¡Amamos a Dios!

Queremos aprender acerca del amor de Dios y cómo nosotras podemos mostrar que lo amamos. En estos afiches hay cinco actos de amor que nos ayudan a decir a Dios cuánto lo amamos. Una vez que hayamos visto los cinco, encontraremos un mensaje secreto que describe lo que Dios es para nosotras. Cuando leamos un afiche, ustedes me ayudarán a decir con toda las fuerzas que "**¡Amamos a Dios!**" Practiquemos. *(Dirija a las niñas al repetir la declaración.)*

(Pida a la primera niña que muestre el afiche para que las demás puedan ver.) El primer afiche comienza con la letra "A". ¿Pueden leer todas? Dice "Asistir". Decimos a Dios que lo amamos cuando asistimos a la iglesia. Podemos ir a la escuela dominical, al culto de niños, y a la reunión de Margaritas. *(Mencione otras actividades de la iglesia en que las niñas pueden participar.)* Cuando asistimos a la iglesia decimos que amamos a Dios y queremos conocerlo mejor. **¡Amamos a Dios!**

(Muestre el segundo afiche.) ¿Con qué letra comienza el segundo afiche? Muy bien, una "M". Decimos a Dios que lo amamos cuando mostramos nuestra fe a otros. Cuando hablamos de Jesús e invitamos a nuestros amigos a la iglesia, y somos un buen ejemplo para ellos, Dios vé que no nos avergonzamos de El. ¿Quieres mostrar tu fe a otros? *(Permita que las niñas respondan su pregunta.)* ¡Qué bien! **¡Amamos a Dios!**

(Muestre el tercer afiche.) El tercer afiche comienza con una letra "A", tal como el primero. Pero este dice que queremos "Alabarlo". Podemos alabar a Dios con cantos y con nuestras palabras. Cuando cantamos a Dios le decimos que lo amamos. Cuando oramos también decimos que lo amamos. **¡Amamos a Dios!**

(Muestre el cuarto afiche.) ¿Qué letra es esta? Si, una letra "D". Decimos a Dios que lo amamos cuando damos nuestras ofrendas. Dios se alegra cuando ve que no somos egoístas con lo que El mismo nos da. Mostramos a Dios que lo amamos cuando estamos dispuestos a ofrendar. **¡Amamos a Dios!**

(Muestre el último afiche.) Nuestro último afiche comienza con la letra "O" con la que escribimos "obedecer". Una de las mejores maneras de decir a

Dios que lo amamos es cuando obedecemos. Los magos obedecieron a Dios. Nosotras decimos a Dios que lo amamos cuando obedecemos. ¡Amamos a Dios!

¿Saben ustedes cuál es el mensaje secreto que formamos con todos los afiches? *(Permita que respondan.)* "Amado". Llamamos "amado" a alguien que amamos profundamente. ¿Quién creen ustedes que es nuestro "amado"? ¡Sí, Dios es a quien debemos amar con todo el corazón! ¡Amamos a Dios!

¿Recuerdan el versículo que debemos memorizar este mes? Repitámoslo juntas: "Amamos a Dios porque él nos amó primero" (1 Juan 4:19). Si ustedes hacen lo que muestran estos afiches, podrán comunicar amor a Dios en diversas maneras.

OREMOS

Haga que cada una complete la oración: "Te amo Dios, porque..." Hable de la grandeza del amor de Dios en su vida. Comparta con las niñas sobre el gozo que usted siente porque ama a Dios. Pida que una de las niñas dirija el grupo en oración.

HAGAMOS

1. Use la estrella para guiarlas de una esquina del aula hasta la otra. Sostenga la estrella por encima de la cabeza y pida que la sigan alrededor del aula. Deténgase junto a las mesas y pida que se sienten.

2. Haga que dibujen la estrella de la página 63 y usen un lápiz para unir los puntos. Ayúdelas a encontrar el número 1. Mientras conecten los puntos, anímelas a contar en voz alta. Deje que ellas pinten la estrella y usen goma de pegar y brillantina para cubrir las seis líneas.

3. Haga que trabajen en el laberinto de la página 64, y que usen lápiz para borrar y hacer correciones si es necesario. Después, haga que tracen con un crayón el camino que conduce a los magos a encontrar al niño Jesús.

4. Las niñas terminarán hoy la corona de amor (u otro trabajo manual). Asegúrese de que las niñas han cubierto totalmente la corona con papel crepé. Entregue a cada niña tres corazones rojos de cartulina, papel crepé, o papel para envolver regalos. Ayúdelas a pegar los corazones a la corona de amor. Para añadir el toque final, ponga una hermosa cinta roja en la parte superior de la corona. Uno de los requisitos de este mes es que las niñas regalen la corona u otro trabajo manual a alguna persona. Mientras trabajan, pregunte a quién darán la corona y comente acerca de otras acciones que pueden hacer para manifestar amor.

SALGAMOS

1. Mientras esperan que lleguen los padres, juegue con el grupo, "Siga al líder": la líder sostiene la estrella y marcha alrededor del aula y todas la siguen. Esta seleccionará diversas acciones, tales como levantar el brazo, saltar en un pie, etc. Las demás imitarán estas acciones. Dé oportunidad a que cada una sea la líder.

2. En el *Cuaderno de la margarita* marque los requisitos que las niñas han cumplido. Conforme salen del salón, felicítelas por el progreso alcanzado para ganar la insignia "Amar".

AMOR POR LOS DEMAS

PROPOSITO

Las lecciones de este mes presentan sugerencias de cómo podemos mostrar amor. Las margaritas aprenderán que debemos mostrar amor a nuestra familia, a nuestros amigos, a las autoridades, y a quienes no conocen a Cristo.

PASOS A LA META

1. Memorizar 1 Juan 4:7.
2. Aprender una nueva canción acerca del tema "amor por los demás".
3. Completar las hojas de trabajo en el *Cuaderno de la margarita* que corresponden a este mes.
4. Traer una visita a la reunión de Margaritas.

VERSICULO PARA APRENDER DE MEMORIA

"Amémonos los unos a los otros" (1 Juan 4:7).

ACTIVIDAD ESPECIAL

Uno de los requisitos para obtener la insignia Amar es invitar a una amiga a una reunión de Margaritas. Aunque la invitación puede hacerse durante el curso de los tres meses, anímelas a que traigan su invitada para la segunda clase de este mes (lección 6). El énfasis de la lección 6 es "Amo a mis amigos".

Antes de la clase 6, explique a las niñas cómo deben comportarse cuando llegue una nueva niña a la clase. Las visitas deben sentir que son bienvenidas. Si su grupo es numeroso, haga que las niñas escriban su nombre en una etiqueta y se la prendan a la blusa o al vestido. Cada margarita presentará su invitada al grupo.

Al final de la reunión entregue a cada visitante información sobre el grupo de las Margaritas. Sería buena idea preparar sobres para las visitas que incluyan una nota de bienvenida, información sobre las Margaritas, una hoja para colorear, y tal vez un pequeño regalo (un marcador de libro, un lápiz, etc.) Si tiene una cámara fotográfica, podría tomar una foto de la visitante con el grupo, y más tarde enviarla con una invitación a visitar el grupo nuevamente.

Registre los datos personales de la visita. Durante la semana después de la reunión, llámela por teléfono, envíe una tarjeta para agradecer su visita, o visítela en su casa. No se olvide de invitarlas a volver a las reuniones de las Margaritas.

RECIPIENTE PARA LA OFRENDA

Este mes las margaritas usarán sombreros para depositar las ofrendas. La lección de cada semana trata de un grupo de personas diferente. Para cada clase escoja un sombrero que represente el grupo al que se referirá.

Lección 1: Sombrero que simbolice a papá o mamá

Lección 2: Sombrero de niño

Lección 3: Sombrero de alguien que dirige o es autoridad (policía, juez, etc)

Lección 4: Sombrero viejo y maltratado

CARTEL DE ANUNCIOS

En el cartel de este mes prepare cuatro ilustraciones de la lección. Divida el cartel en cuatro. Recorte letras y ordénelas en los cuadros respectivos antes de la primera reunión de este mes. En el segundo cuadro, Amamos a nuestros amigos, ponga las fotografías del mes anterior. Consiga fotos de líderes, tales como el pastor, un policía, un maestro, etc., y péguelas en el tercer cuadro. Durante las lecciones 1 y 4, las niñas harán dibujos que pondrán en los cuadros que corresponden. En la primera clase, colorearán un dibujo de la familia que pegarán al cartel de anuncios. Para el cuadro 4 las niñas harán una cruz con fotografías de rostros de personas que necesitan a Cristo. Además de ser un repaso de lo que estudien, el cartel de este mes será una buena ayuda para el tiempo de oración.

Amamos
a nuestra
familia

Amamos
a nuestros
amigos

Amamos
a nuestros
líderes

Amamos
a los que
no conocen
a Cristo

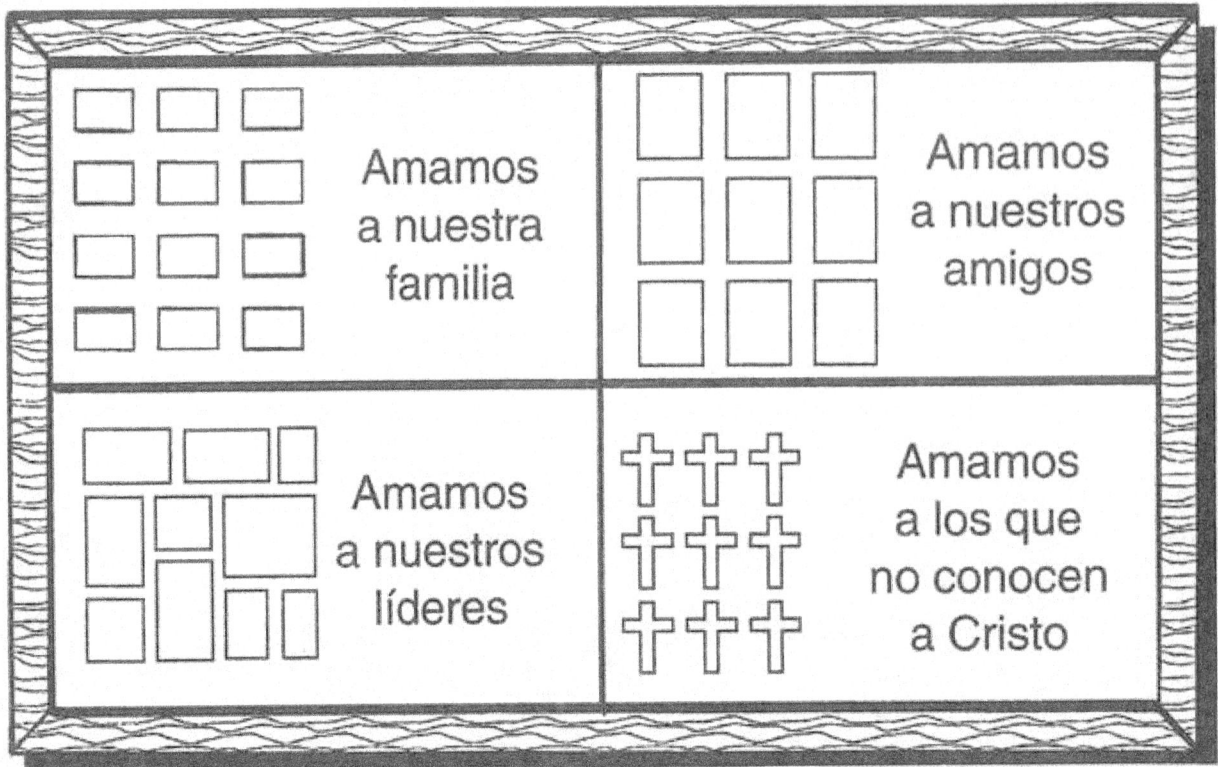

INFORME DE PROGRESO

Este mes las margaritas deben cumplir todos los requisitos para obtener la insignia

_____

Agradecería su ayuda en casa para el cumplimiento de los siguientes requisitos:

_____

_____

_____

_____

Muchas gracias

_____
Consejera

AMO A MI FAMILIA

PREPAREMOS

Objetivo:

Las margaritas desarrollarán mayor amor y aprecio por sus familias.

Trasfondo bíblico:

Génesis 25:24-34; 27; 33

Materiales para la consejera:

❑ Una hoja de cartulina para cada una

❑ Una hoja de papel para cada una para poner en el cartel de anuncios *(Ver la página 76)*

❑ Un sombrero para representar a papá o mamá

❑ Página 65 del *Cuaderno de la margarita* ya coloreada

❑ Dibujos o fotos de una familia de perros, gatos, aves (opcional)

❑ Plumas de ave para cada una (opcional)

MARGARITA DEL DIA

Cuando prepare la lección, dé tiempo a que la Margarita del Día presente el objeto que trajo a la clase. Además planee actividades en las que ella pueda ayudar.

Entregue la carta para los padres a la Margarita del Día de la próxima semana y recuérdele que durante la semana debe preparar la presentación de un objeto de importancia para ella.

EMPECEMOS

1. Haga que coloreen y recorten los dibujos de los miembros de su familia que encontrarán en la página 65 del *Cuaderno de la margarita*. Luego pueden pegarlos sobre una cartulina y escribir el nombre de cada persona. Si la familia de una de las niñas es numerosa, provea una hoja de papel a fin de que calque los dibujos que necesite para completar el total de los componentes.

2. Entregue a cada niña una hoja de papel. Pídales que hagan un dibujo de la familia de cada una.

Después incluya el dibujo en la sección del cartel de anuncios: "Amamos a nuestra familia". Mientras las niñas trabajan comente acerca del amor que debemos tener a nuestra familia.

DEMOS

El recipiente para las ofrendas de esta clase será un sombrero que represente a papá o mamá. Antes de recoger las ofrendas, muestre el sombrero a las niñas y pregunte quién usaría ese sombrero en casa. Explique que esta semana el sombrero simbolizará el amor a nuestra familia. Cuando las niñas pongan su ofrenda dentro del sombrero, podrán decir en alta voz una razón de que amen a su familia.

APRENDAMOS

Use una pizarra para ilustrar la lección. Con trazos sencillos, dibuje dos hombres que representen a Jacob y a Esaú. Cuente la historia con la biblia en la mano, abierta en el pasaje de Jacob y de Esaú.

Jacob y Esaú

La Biblia refiere de dos mellizos, Jacob y Esaú. Estos eran muy diferentes en sus rasgos físicos y en su carácter. Esaú era un cazador experimentado, le gustaba el campo, y la actividad. Jacob era quieto; le gustaba cocinar y prefería estar en casa. A pesar de ser mellizos, eran muy diferentes en sus gustos.

Cierto día algo muy malo ocurrió entre ellos. Jacob engañó a su papá; hizo que le diera una bendición que pertenecía a Esaú por ser el mayor de los hermanos. Esaú se enojó de tal manera que quiso matar a Jacob. Este tuvo que huir a una ciudad muy lejana para salvar su vida. A pesar de lo que hizo, Jacob amaba a su familia y debe de haber sido muy triste dejar su hogar.

Después de mucho tiempo, cuando ya tenía esposa e hijos, Jacob decidió regresar para pedir perdón a su hermano. Le preocupaba que Esaú todavía estuviera enojado. ¿Lo perdonaría Esaú por lo que había hecho?

La noche antes del encuentro con Esaú, Jacob no pudo dormir de la preocupación. Al día siguiente, cuando vio a su hermano, se arrodilló siete veces ante él. Esaú, en vez de atacarlo, corrió a recibirlo. Lo abrazó y lo besó y lloraron de alegría.

¡Jacob estaba tan feliz de abrazar a su hermano nuevamente! Era la primera vez que las dos familias se encontraban. Ese día Esaú perdonó a Jacob.

Puede suceder que, aunque amamos a la familia, hagamos cosas que disgusten a los demás. Si eso sucede, Dios quiere que haya perdón y amor. Si nosotras ofendemos a nuestra familia, Dios quiere que nos arrepintamos y pidamos perdón. Jacob y Esaú tuvieron un problema muy grave, pero Dios los ayudó a conversar y perdonar. Dios quiere ayudar a tu familia para que sea un hogar feliz.

Nuestro versículo bíblico este mes dice: "Amémonos los unos a los otros" (1 Juan 4:7). *(Repita el versículo hasta que lo memoricen y haga énfasis en que debemos amar a todos en nuestra familia.)*

ALABEMOS

Enseñe a las niñas la canción que ha seleccionado para este mes. También puede cantar con ellas "Amados, amémonos unos a otros", u otra canción cuyo tema sea el amor. Con la melodía del coro "Oh, Dios es bueno" cante la canción que se sugiere a continuación. Reemplace la palabra 'mamá' por los demás miembros de la familia

"Amo a mamá
Amo a mamá
Amo a mamá
Y mamá me ama a mí."

ESCUCHEMOS

Use el dibujo coloreado del Cuaderno de la margarita, página 65. Consiga también fotografías de familias de animales: perros, gatos, y pájaros.

La mamá pata ama a su familia

Danila, la patita, vigilaba a su hermano el patito Daniel mientras nadaban detrás de mamá pato. Danila notó que su hermanito estaba aburrido de seguir a mamá. Daniel creía que ya podía nadar solo, y quería explorar otras lagunas. ¡Tenía tantas ganas de conocer otros lugares!...

—No es fácil nadar solo —le dijo mamá pato—. Tienes que buscar tu propio alimento y ser muy cuidadoso.

—Yo puedo hacerlo —insistió el patito Daniel—. Déjame probar aunque sea por un día.

—Bien —dijo mamá—, debes volver antes que llegue la noche.

Con estas últimas advertencias, el patito Daniel se alejó de su hermana y su mamá para explorar el parque. Los ojos de Danila se llenaron de lágrimas mientras veía alejarse a su hermanito. Ahora tendría que jugar sola. Además, tenía temor de lo que pudiera ocurrir.

Daniel estaba feliz. Tenía muchos deseos de ver todo antes de que anocheciera. En el camino, vio unos perritos que jugaban con su mamá. Ladraban felices mientras la mamá corría tras ellos. Cuando se cansaron de jugar, se recostaron junto a un árbol frondoso y pronto se quedaron dormidos. El patito Daniel se dio cuenta de que la mamá perra amaba mucho a sus perritos.

Después de ver esta tierna escena, continuó su viaje. ¡Eh, qué lindo! Daniel se detuvo para observar cómo una mamá gata arrullaba a sus cachorros. Ella los lamía con mucho cariño. El patito Daniel podía escuchar el ronroneo de agrado de los cachorros; era como si dijeran "mami es tan buena y nos cuida con tanto amor".

El patito siguió su camino y encontró una pequeña laguna. El día estaba muy caluroso, así que Daniel corrió para darse un refrescante chapuzón. ¡Qué agradable sensación para sus plumas y patitas! Daniel sumergió la cabeza en el agua. Comenzó a extrañar la compañía de mamá, después de todo no era muy divertido nadar solo. Daniel salió de la laguna y se sacudió el agua de las plumas.

—Tengo hambre —pensó Daniel mientras miraba cómo una mamá pájaro alimentaba a sus hijitos—. ¡Ojalá mamá estuviera aquí para que me diera unas ricas lombrices!...

Ya era hora de almorzar y tal vez mamá pato en ese momento buscaba un delicioso almuerzo para Danila. —Quizá si me apresuro en volver a casa, Danila compartiría su almuerzo conmigo —pensó el patito Daniel.

—¡Bienvenido Daniel—dijo mamá pato cuando lo vio llegar—. Tengo el almuerzo preparado para ti. —Daniel no esperó ni un segundo para engullir toda la deliciosa comida.

—¿Cómo supiste que regresaría pronto? —preguntó Daniel.

—Sabía que me necesitarías—respondió la mamá pata—. Cuidaré de ti hasta que yo esté segura de que estás listo para andar solo.

La mamá pato, Danila, y Daniel volvieron al lago. Esta vez el patito Daniel sonreía mientras nadaba detrás de su mamá pato. Estaba agradecido por el amor de su mamá y de su hermana.

Nuestra familia es un don especial de Dios y Él se alegra cuando mostramos amor y aprecio por ellos. Daniel pensó que no necesitaba a su familia, pero finalmente aprendió cuánto los necesitaba. ¡Qué bueno que él se dio cuenta de lo especial de su familia! ¿Aman ustedes a su familia? *(Permita que respondan)* ¡Qué bueno! Repitamos juntas el versículo: "Amémonos los unos a los otros" (1 Juan 4:7).

OREMOS

Comente con las niñas la importancia de estar agradecidas por nuestra familia. En la famillia tenemos amor y protección. Invítelas a que completen la oración: "Amo a mi familia porque..." Concluya con un tiempo de oración. Dé gracias a Dios por la familia de cada niña, que fielmente las traen a las reuniones de las Margaritas.

HAGAMOS

Las niñas completarán la página 67 en el *Cuaderno de la margarita*. Después de colorear, pegarán las plumas en los patos. Sugiera que comenten cómo fueron las vacaciones u otras experiencias que hayan compartido con la familia.

SALGAMOS

1. Llame la atención del grupo al cartel del mes. Pregunte: "¿a quiénes aman las margaritas?" Lea las palabras en el primer cuadro. Dé tiempo para que las niñas busquen en el cartel el dibujo de su familia que hicieron al comenzar la clase.

2. Cante con ellas el coro que enseñó en la sección Alabemos: "Amo a _____". Mientras cantan, las niñas pueden caminar en círculos para imitar al patito Daniel.

3. Anímelas para que inviten una amiga a la próxima reunión de las Margaritas. Ellas aprenderán otras maneras de mostrar amor a sus amigos. Uno de los requisitos para la insignia Amar es traer una visita a la clase. Conforme salen del salón de clases, las niñas le dirán al oído el nombre de la visita que traerán a la próxima clase.

AMO A MIS AMIGOS

PREPAREMOS

Trasfondo bíblico:
Lucas 10:38-42

Objetivo:
Las margaritas aprenderán nuevas maneras en que pueden mostrar amor a sus amigos.

Materiales para la consejera:
❏ Encajes y botones
❏ Etiquetas para escribir el nombre de las niñas
❏ Sombrero de niño
❏ Foto de Cristina y dos niñas
❏ Platos y otros utensilios de cocina, materiales de limpieza, etc.
❏ Información acerca del programa de Margaritas para las visitas

MARGARITA DEL DIA

Cuando prepare la lección, dé tiempo a que la Margarita del Día presente el objeto que trajo a la clase. Además planee actividades en las que ella pueda ayudar.

Entregue la carta para los padres a la Margarita del Día de la próxima semana y recuérdele que durante la semana debe preparar la presentación de un objeto de importancia para ella.

EMPECEMOS

1. Conforme llegan, haga que completen la página 69 en el *Cuaderno de la margarita*. Las niñas completarán primero el dibujo del medio que corresponde a su autorretrato. Después, haga que dibujen y coloreen rostros de dos amigas. En la parte inferior del dibujo pueden escribir el nombre de la amiga. Provea encaje y botones para decorar la vestimenta.
2. Cuando todas hayan llegado, pida que se junten de dos en dos. Dé cinco minutos para que entren en parejas y comenten sobre sus gustos (mascota, color, instrumento, lugar, etc). Pida que cuando se sienten formen un círculo. Cada una puede presentar a su compañera y mencionar tres cosas

que a ella le gusta. Usted puede comenzar y referirse a las cosas favoritas de su ayudante (ej: Esta es la señorita Luisa. Su color favorito es el azul, le gustan los gatos, y le encanta leer). Continúe hasta que todas participen.
3. Procure presentar formalmente a las visitas. Vea la página 75 si necesita ideas para dar la bienvenida a quienes vienen por primera vez.

DEMOS

El recipiente de las ofrendas para esta clase es un sombrero de niño. Explique a las niñas que ese sombrero nos recuerda que debemos amar a nuestros amigos. Ore por las ofrendas y agradezca a Dios que ese dinero permitirá alcanzar a amigos y amigas con el mensaje del amor de Cristo.

Hay muchas maneras en que podemos mostrar amor por otros. Mientras las niñas ofrendan, pida que mencionen algo que pueden hacer para mostrar amor a una amiga.

APRENDAMOS

La palabra clave de la historia de hoy es "amigo" o "amigos". Pida a las niñas que cada vez que usted diga esas palabras, ellas unan las manos como si sostuvieran la mano de una amiga. Practique varias veces antes de comenzar la historia.

Jesús visita a sus amigos

Cada vez que Jesús pasaba por Jerusalén iba a casa de sus tres **amigos**: María, Marta, y Lázaro. Jesús disfrutaba siempre en compañía de sus tres **amigos**. Ellos vivían en el pueblo de Betania, cerca de Jerusalén.

Marta y María estaban muy entusiasmadas porque su **amigo** Jesús estaba de visita. Marta de seguro estaba muy orgullosa de su hogar. Me imagino que la casa donde vivían estaba muy limpia y bien ordenada.

Jesús viene a visitarnos —anunció María—. Tengo tanto deseo de verlo. —Seguro que María caminaba de un lado a otro pensando en la visita de su **amigo** Jesús.

Tal vez Marta pensaba en todas las cosas que tenía que hacer antes de la llegada de su buen **amigo** Jesús. De seguro limpió la casa y arregló una habitación para Jesús. Además, había que decidir qué prepararía de cena, y debía apurarse para tener todo listo. Jesús siempre estaba contento de ver a sus **amigos**.

—¡Ya viene Jesús! —anunció María cuando lo vio. Estoy segura que ella esperó a la puerta para darle la bienvenida. Pero, ¿dónde estaba Marta? ¿Creen que ella también estaba a la puerta esperándolo? No. Es posible que todavía estuviera ocupada con los preparativos para la visita de su **amigo** Jesús.

Al llegar Jesús, María muy feliz se sentó a los pies de su **amigo** para escucharlo. Marta se molestó porque María no la ayudaba con los preparativos para la cena. Marta dijo a Jesús:

—¿No te importa que mi hermana me haya dejado sirvir sola? ¡Dile, pues, que me ayude!

Jesús respondió con calma: "Marta, Marta, estás inquieta y preocupada por muchas cosas, pero sólo una es necesaria. María ha escogido la mejor, y nadie se la quitará" *(Lucas 10:41)*.

Jesús estaba muy contento porque su **amiga** María se sentó a sus pies a escuchar sus palabras. Estoy segura de que Jesús apreciaba lo que Marta hacía por El, sin embargo, prefería que sus **amigos** escucharan sus enseñanzas. Jesús disfrutaba mucho la compañía de sus **amigos**.

Jesús tuvo **amigos** muy especiales mientras estuvo en este mundo. El nos da buenos **amigos** a nosotras también. Nosotras podemos amar a nuestras **amigas** tal como Jesús amó a sus **amigos**. Repita con las niñas el versículo para memorizar este mes: "Amémonos los unos a los otros" (1 Juan 4:7). María hizo lo que este versículo ordena: ella amó a su **amigo** Jesús con todo su corazón, y nosotras debemos amar a nuestros **amigos** también.

ALABEMOS

Entone las canciones que traten el tema del amor y que las niñas hayan aprendido durante la unidad. Puesto que las niñas invitaron a sus amigas, pida a las margaritas que las ayuden a enseñar algunas de las canciones más sencillas. Como expresión de amistad, pida a las margaritas que pongan el brazo sobre el hombro de la niña que tengan al lado y que canten todas juntas la canción de "Las Margaritas".

ESCUCHEMOS

Muestre la fotografía de Cristina de la primera unidad (Compartir) y fotos de dos niñas más.

Cristina y la nueva alumna

La maestra y la nueva alumna se pararon ante la clase.

—Esta es Andrea. Es nueva en nuestra clase y acaba de mudarse de _____. *(Complete el espacio con el nombre de otro pueblo.)*

Andrea ocupó el pupitre al lado de Cristina. Cristina y Juanita estaban muy ocupadas en un nuevo proyecto y no tuvieron en cuenta a Andrea. La nueva alumna sólo observaba cómo los demás en la clase trabajaban en sus tareas. Cada vez que alguien la miraba, Andrea sonreía pero nadie la invitaba a integrarse a un grupo.

Cuando Cristina y Juanita terminaron su proyecto, llamaron a la maestra para que lo viera. Muchos se acercaron para admirar el trabajo. De pronto Cristina observó a Andrea; estaba sola en una esquina, y sonreía contenta por el trabajo de ellas. Al sonar la campanilla para el recreo, Cristina se acercó a Andrea.

—Me llamo Cristina —le dijo—, y esta es mi amiga Juanita. Vamos a jugar en el patio, ¿te gustaría venir con nosotras?

—¡Sí! —respondió Andrea muy contenta— me encantaría jugar con ustedes y que seamos amigas.

—Recuerdo mi primer día en la escuela —dijo Juanita—. Me alegró mucho conocer a Cristina. Nos hicimos muy buenas amigas. Tú también puedes ser una de nuestras amigas.

Andrea sonrió. Las tres jugaron juntas hasta que sonó el timbre para volver al aula. Cristina estaba contenta porque tenía una nueva amiga.

¿Algunas recuerdan el versículo de este mes? *(Permita que respondan.)* "Amémonos los unos a los otros" (1 Juan 4:7). *(Repita el versículo varias veces.)* ¿Creen ustedes que Cristina entendía que Dios quiere que amemos a las personas? ¿Qué hizo Cristina para mostrar amor a Andrea? ¿Qué podemos hacer para mostrar amor a nuestros amigos? *(Permita que las niñas respondan y hagan comentarios después de cada pregunta.)*

OREMOS

Haga que se ubiquen para orar junto al cartel de anuncios. Lea las palabras en el primer cuadro y haga que completen la oración: "Amamos a nuestra <u>familia</u>". Deje que oren por turno por sus familias.

Señale el segundo cuadro y lea la oración completa. Haga que cada una ore y complete esta oración, "Amo a ... porque...". Comience con la primera niña de uno de los extremos. Dígale que complete la oración con el nombre de quien tengan al lado, y que digan una razón de que aman a esa persona. Continúe la actividad hasta que todas participen. Concluya el tiempo de oración y pida a Dios que fortalezca la amistad entre las margaritas.

HAGAMOS

1. En la página 71 del *Cuaderno de la margarita*, haga que pinten el dibujo de la niña que ora.
2. Mientras trabajan, escriba el nombre de cada niña en una tira de papel. Ponga las tiras de papel en un recipiente o en una caja. Cuando terminen de pintar, haga que cada una tome una tira de la caja. Haga que escriban el nombre en el espacio provisto en el dibujo que acaban de pintar. Las niñas llevarán el dibujo a casa y orarán por aquella margarita.

SALGAMOS

1. Provea a las niñas platos, utensilios de cocina, y material de limpieza (pueden ser reales o imitación). Divida la clase en tres grupos que representarán la historia de Jesús, Marta, y María. Permita que intercambien personajes para que todas tengan oportunidad de participar.
2. Si dispone de tiempo suficiente, pida que representen otras situaciones y usen los materiales que usted proveyó.
3. Después de despedir la clase, entregue a las visitas información acerca del grupo e invítelas a volver.

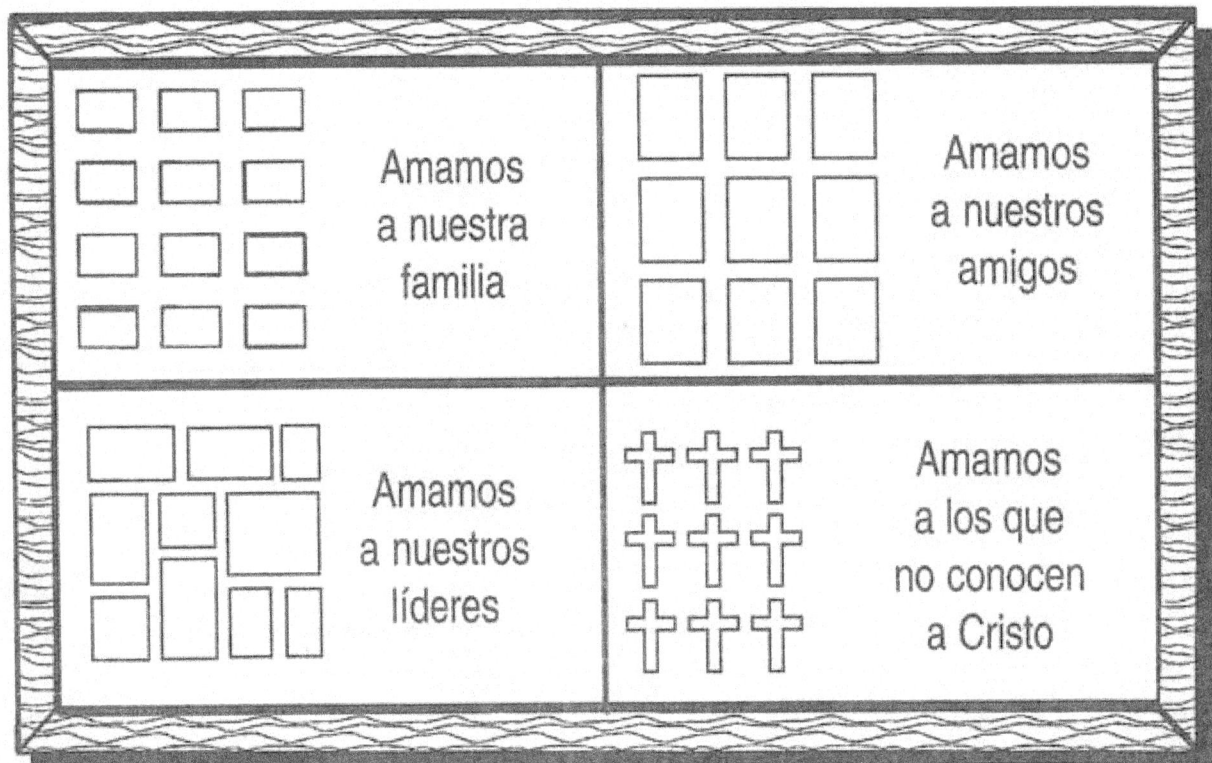

Amamos a nuestra familia

Amamos a nuestros amigos

Amamos a nuestros líderes

Amamos a los que no conocen a Cristo

AMO A MIS LIDERES

PREPAREMOS

Trasfondo bíblico:
   Daniel 5:1-28

Objetivo:
   Las margaritas aprenderán que es importante amar y obedecer a los líderes.

Materiales para la consejera:
- Una hoja de cartulina para cada una
- Sombrero de policía u otro tipo de sombrero que represente autoridad
- Una corona
- Una copa o tazón
- Guantes
- Trozo de tela color púrpura (para un manto) o una cadena dorada
- Ruleta de oración armada *(ver la página 73 del Cuaderno de la margarita)*
- Una hoja de cartulina para cada una
- Un sujetapapeles para cada una
- Una hoja grande de papel blanco

MARGARITA DEL DIA

Cuando prepare la lección, dé tiempo a que la Margarita del Día presente el objeto que trajo a la clase. Además planee actividades en las que ella pueda ayudar.

Entregue la carta para los padres a la Margarita del Día de la próxima semana y recuérdele que durante la semana debe preparar la presentación de un objeto de importancia para ella.

EMPECEMOS

Conforme llegan, haga que completen la página 75 del *Cuaderno de la margarita*. Haga que coloreen y recorten los seis corazones; finalmente los pegarán sobre una hoja de cartulina. Lea los versículos con el grupo y señale cada palabra cuando la pronuncie.

DEMOS

El recipiente para las ofrendas de hoy será un sombrero de un policía o de alguna otra persona que represente autoridad. Antes de recoger las ofrendas permita que las niñas se prueben el sombrero. Explique que ese sombrero representa a nuestros líderes. Comente acerca de las responsabilidades de algunas personas en autoridad. Cuando ore por las ofrendas pida también a Dios que ayude a las margaritas a mostrar amor a todos, aun a las autoridades. Pida a las niñas que nombren a algún líder mientras depositan su ofrenda en el recipiente.

APRENDAMOS

Para la historia de hoy traiga a la clase los siguientes elementos: una corona; una copa; guantes; y un trozo de tela color púrpura o una cadena dorada. Permita que las niñas se pongan o sostengan los elementos cuando corresponda en el curso de la historia. Mientras habla acerca de la historia, mantenga su biblia abierta en Daniel 5.

Daniel respeta al rey

La Biblia, en el libro de Daniel, nos habla acerca de un rey llamado Belsasar *(corona).* Este rey era muy malo y creía en dioses falsos. Un día él invitó a un gran banquete a mil de las altas personalidades de la nación. Durante el banquete, el rey Belsasar mandó traer algunas *copas y tazones* de oro y plata del templo de Dios. Todos bebieron vino y alabaron a sus ídolos de oro, plata, bronce, hierro, madera, y piedra. Imagínense cuán triste se sentiría Dios de ver a las personas adorar un pedazo de madera o una imagen en vez de adorarlo a El.

En aquel momento apareció una mano de hombre que, a la luz de las velas, comenzó a escribir con el dedo *(guante)* sobre la pared blanca de la sala. ¿Cómo creen ustedes que se sintió el rey cuando vio aparecer esa mano? La Biblia dice que se puso pálido y de miedo comenzó a temblar de pies a cabeza. Luego ordenó que llamaran a los hombres que le podrían decir el significado de esa escritura en la pared.

Muchos hombres sabios vinieron al palacio para decir al rey el significado de la escritura, pero ninguno pudo entender lo que decía. Repentinamente el rey recordó a Daniel. El rey sabía que Daniel era un buen hombre que amaba mucho a Dios. Dios había dado a Daniel el don de interpretar sueños y de esta manera había ayudado al padre de Belsasar.

El rey mandó llamar a Daniel al palacio, y le dijo:

—Si tú puedes leer esas palabras y decirme lo que significan, haré que seas vestido con *ropas de púrpura*, que te pongan una *cadena de oro* en el cuello, y que ocupes el tercer lugar en el gobierno de mi reino.

¡Qué honor! Estoy seguro que hay muchas personas que hubieran querido recibir regalos tan costosos y una posición de tanta importancia. Pero la respuesta de Daniel no fue la que todos hubiéramos esperado. El había venido al palacio a interpretar la escritura y no tenía interés en los regalos. Daniel dijo al rey:

—Quédese su Majestad con sus regalos, y ofrézcale a otro el honor de estar en su palacio. Yo explicaré de todos modos a su Majestad lo que quieren decir las palabras escritas en la pared.

Daniel leyó y explicó las palabras al rey. Dios estaba disgustado con Belsasar porque adoraba otros dioses y El había decidido poner fin a su reino. El rey no se alegró con el mensaje. Debe haber sido difícil para Daniel decir estas cosas al rey, pero él sabía que su deber era obedecer a Dios y mostrar lealtad al rey con su honestidad.

Aun cuando el rey Belsasar era malvado, Daniel mostró amor con su lealtad. También hay reyes que son buenos y hacen cosas que Dios aprueba. Debemos amar a los líderes, sea que hagan lo bueno o que hagan lo malo. ¿Cuáles son algunas maneras en que podemos mostrar amor a nuestros líderes? *(Permita que las niñas hagan comentarios.)*

El versículo que memorizamos este mes dice: "Amémonos los unos a los otros" (1 Juan 4:7). Esto significa que también debemos amar a nuestros líderes. ¿Cuántas de ustedes quieren mostrar amor a sus líderes? Repitamos juntas el versículo. *(Repita el versículo varias veces.)*

ALABEMOS

Entone algunas de las canciones favoritas de las niñas acerca del tema. Recuérdeles que deben ser sinceras en su adoración a Dios. Antes de cantar, explique el mensaje de la canción. Invítelas a que piensen en el significado de la canción mientras cantan.

ESCUCHEMOS

Feliz día, maestra

Como de costumbre, Cristina llegó contenta a la escuela. Entró saltando al salón de clases y saludando

—¡Buenos días, señorita Tobar!

La señorita Tobar hizo un esfuerzo por sonreír para responder a Cristina. —Buenos días, Cristina.

Algo no estaba bien aquel día. La señorita Tobar siempre recibía a sus alumnas con una amplia sonrisa, pero este día ella parecía triste.

Cuando la campana anunció el comienzo de las clases, en vez de saludar, ella se sentó tras su pupitre y pidió a los alumnos que practicaran las letras. Cristina se sintió muy triste por su maestra. ¿Qué podía hacer para que ella se sintiera mejor? Pensó en diversas maneras de comunicar a su maestra cuánto la amaba.

—¡Ya sé! —pensó Cristina—, me esforzaré mucho hoy y haré las cosas lo mejor que pueda. Trataré de no conversar con Juanita durante la clase, y terminaré mis tareas lo más rápido que pueda.

Cristina trabajó con mucha dedicación aquella mañana. Cuando llegó el recreo, la señorita Tobar todavía parecía triste. Cristina nuevamente pensó qué podría hacer para ayudarla. Tuvo otra buena idea. Esperó que todos los niños fueran a jugar y se acercó al pupitre de la señorita Tobar.

—Maestra —dijo Cristina con suavidad—, sólo quería decirle que la amo y que quiero orar por usted.

La maestra llorosa miró a Cristina.

—Gracias , Cristina —respondió—, tus oraciones significan mucho para mí.

Cristina tomó las manos de la señorita Tobar, y oró:

—Querido Jesús, gracias por permitir que la señorita Tobar sea nuestra maestra. Todos la amamos mucho. Por favor, ayúdala a estar contenta nuevamente. Gracias, Jesús. Amén.

La señorita Tobar abrazó a Cristina..

—¡Tú sí que sabes cómo alegrar el día de una

maestra! —dijo sonriente la señorita Tobar—. Gracias por mostrarme cuánto me amas.

Cristina se sintió muy feliz. Sabía que Dios quería que ella amara a los líderes, y su maestra era un líder muy especial.

—Gracias, Jesús, por ayudarme a mostrar amor a mi maestra —susurró Cristina mientras salía al patio.

OREMOS

Una manera de mostrar amor a nuestros líderes es con nuestra oración. Muestre a las niñas la ruleta de oración que usted hizo antes de la clase y que aparece en la página 73 del *Cuaderno de la margarita.* Comente con las niñas cómo ellas pueden orar por las personas que se mencionan en la ruleta. Pida a algunas niñas que oren por esos líderes. Recuerde a las niñas que es importante que tengan un momento de oración en casa y que es bueno que recuerden a los líderes.

HAGAMOS

Las niñas harán la *ruleta de oración* que aparece en la página 73 del *Cuaderno de la margarita.* Lea los nombres de personajes que se mencionan y pida a las niñas que completen los dibujos. Hecho esto, recortarán la rueda y la pegarán sobre cartulina. Usarán además el modelo de la flecha para cortar una en cartulina. Ayúdelas a que unan la flecha y la rueda con el sujetapapeles. Asegúrese de que la flecha gire con facilidad. Muestre a las niñas cómo hacer girar la flecha para apuntar a la persona por quien orarán. Recuérdeles que el propósito de la ruleta es orar por los líderes y siempre mostrar amor.

SALGAMOS

1. Para esta actividad emplee los objetos de la historia bíblica. Muestre a las niñas un objeto a la vez, y pregúnteles cuál es la relación de los objetos con la historia. Use esta conversación como repaso de la lección y como un recordatorio de que debemos amar a aquellos que están en autoridad.

2. Pegue a la pared un papel grande de color blanco. En la historia bíblica, Dios escribió en la pared. Ahora usted dará oportunidad a que ellas escriban en la pared. Pueden escribir mensajes o hacer dibujos que muestren cómo pueden mostrar amor a los líderes.

3. Recuerde a quienes no hayan traído una visita que aún tienen tiempo para cumplir este requisito. Ellas necesitan invitar a una amiga a la reunión para obtener la insignia *Amar.* Cuando las niñas salgan del salón para ir a casa, susurre "te amo" al oído de cada una.

AMO A LOS QUE NO CONOCEN A CRISTO

PREPAREMOS

Trasfondo bíblico:
   Mateo 18:12-14; Lucas 15:3-7

Objetivo:
   Las margaritas sentirán urgencia por mostrar el amor de Dios a los perdidos.

Materiales para la consejera:
- ❏ Varias huellas de pisadas en cartulina
- ❏ Cinta adhesiva
- ❏ Revistas viejas, tarjetas de saludos, u otros publicaciones con fotografías
- ❏ Un sombrero viejo y maltratado
- ❏ Una oveja de peluche o un dibujo de una oveja *(Ver el patrón en la página 88)*
- ❏ Un paquete de galletas
- ❏ Algodón
- ❏ Dos pinzas o ganchos de ropa para cada una

MARGARITA DEL DIA.

Cuando prepare la lección, dé tiempo a que la Margarita del Día presente el objeto que trajo a la clase. Además planee actividades en las que ella pueda ayudar.

Entregue la carta para los padres a la Margarita del Día de la próxima semana y recuérdele que durante la semana debe preparar la presentación de un objeto de importancia para ella.

EMPECEMOS

1. Antes que lleguen, pegue en el piso las huellas de cartulina o de periódico. Las huellas deben guiar a las niñas desde la puerta hasta la mesa o el estante donde están las revistas. Del lugar de las revistas, use cinta adhesiva de color para dibujar en el piso una flecha que señale las mesas de trabajo. Ponga goma de pegar y tijeras sobre cada mesa.

2. Conforme llegan, instrúyalas que sigan las huellas haste el estante o la mesa donde están las revistas, y que luego se sienten a la mesa. Las niñas pueden recortar figuras de rostros de personas y pegarlos sobre la cruz en la página 77 del *Cuaderno de la margarita*. Explique que hay muchos que necesitan saber que Jesús los ama y que murió por ellos en la cruz. Anímelas a mirar los rostros en la cruz para orar por los que no conocen a Jesús.

3. Ayude a las niñas a pegar la cruz que han hecho al último cuadro en el cartel de anuncios de este mes.

DEMOS

Para la ofrenda de esta clase, use como recipiente un sombrero viejo y maltratado. Comente con las niñas que nuestro deber es amar a las personas aunque sean pobres. Algunas personas son pobres porque no tienen muchas cosas. Pero hay otros que tal vez tienen mucho pero son pobres porque no tienen a Jesús. Las ofrendas ayudan a las margaritas a hablar a otros de Jesús. Mientras ofrendan, pida que den gracias por la oportunidad de alcanzar a los perdidos con el mensaje de salvación.

APRENDAMOS

Antes de la clase esconda una oveja de peluche o un dibujo de una oveja.

La oveja perdida

En cualquier lugar dónde Jesús enseñaba, siempre se reunía una gran multitud para escucharlo. Algunos eran pescadores, otros agricultores, pastores, o soldados. También había sacerdotes y maestros de la ley. Había unos a los que no se les permitía entrar en el templo. Pero Jesús quería que la gente supiera que Dios ama a todos.

Una vez Jesús contó la historia de una oveja perdida. Con esta historia quiso mostrar el amor de Dios por todos, aun por aquellos que han hecho mal.

Un pastor tenía 100 ovejas en su rebaño. El pastor las alimentaba y protegía con mucho cariño. Siempre estaba alerta a los animales salvajes. El no quería que nada malo sucediese a sus ovejas.

Cierto día el pastor notó que había perdido una de sus ovejas. Pensó que estaba equivocado y las volvió a contar. No había duda, sólo tenía 99 ovejas, una se había extraviado. De inmediato el pastor puso las 99 que tenía en un lugar seguro y salió en busca de la oveja perdida. *(Camine alrededor del salón para simular que busca la oveja perdida.)*

Caminó y caminó. La llamó en alta voz. Se detuvo muchas veces para escuchar un balido. De pronto la escuchó:

—¡Baa-baa-ba!

El pastor corrió a rescatar su ovejita. *(Saque a la vista la oveja previamente escondida.)* Cuando la encontró, la cargó con mucho cuidado y la llevó en sus hombros de vuelta al rebaño. El pastor se regocijó porque nuevamente tenía todas sus ovejas. Estaba tan contento que invitó a sus amigos a celebrar.

Jesús comparó la oveja perdida con aquellos que están perdidos porque nunca han escuchado acerca del amor de Dios. Así como el pastor de la historia amaba a sus ovejas, Jesús nos ama en todo tiempo. Nosotras debemos amar como Jesús ama: "Amémonos los unos a los otros" (1 Juan 4:7). *(Si hay niñas que aún no han memorizado el versículo de este mes, dedique tiempo para repetirlo con ellas.)*

ALABEMOS

Entone la canción que ha preparado para este mes, además de otras alusivas al amor de Dios. Una de las canciones puede ser "Tiene todo el mundo en sus manos". Dirija a las niñas en las acciones mientras cantan.

ESCUCHEMOS

Muestre el paquete de las galletas cuando relate la historia.

Cristina es la Margarita del día

¡Qué difícil decisión! Cristina observó todos los tipos de galletas. Era su turno de ser la Margarita del Día

y mamá le había dado dinero con el fin de que comprara galletitas para toda la clase. Después de pensar por algunos minutos, decidió llevar sus galletas preferidas, _____ *(el tipo de galletas que trajo usted).*

El cajero sonrió cuando la vio acercarse.

—Te ves muy bien en ese traje amarillo —dijo el caballero—. ¿Perteneces a algún club?

—¡Sí, yo soy una Margarita! —respondió Cristina—. Nos reunimos una vez por semana y hoy es mi turno como Margarita del Día. Mamá me permitió que comprara galletas para todas mis amigas.

—Estoy seguro que disfrutarán estas ricas galletas —dijo el cajero mientras entregaba el cambio a la mamá de Cristina—. ¡Que te diviertas mucho!

—Gracias —respondió Cristina y salió de la tienda. Mientras caminaban, una señora les habló:

—Disculpe, señora, pero escuché a su hija hablar con el cajero acerca de una reunión para Margaritas. Mi familia y yo estamos buscando una iglesia dónde asistir. Escuché que en su iglesia tienen un grupo de Margaritas. Mi hija Carla está en primer grado, ¿podría ella también ser una Margarita?

—Claro, el programa es para niñas que van a kinder y primer grado —respondió la mamá de Cristina. Y agregó— nuestra iglesia está cerca. Precisamente vamos allí, ¿le gustaría acompañarnos como nuestras invitadas?

—Nos encantaría —replicó la señora. Cristina caminó con Carla hasta el aula de las Margaritas. Antes de entrar le contó todo lo que ellas hacían en el grupo.

Ese día la consejera de las Margaritas enseñó a las niñas que Jesús quiere ser nuestro amigo. Carla había escuchado de Jesús pero no sabía que El deseaba ser su amigo. Tampoco sabía que Jesús la amaba tanto que había muerto por ella. Carla disfrutó la clase, le gustó la lección, encontró nuevas amigas, también hizo un trabajo manual. Finalmente compartió las ricas galletas que Cristina había llevado a la clase:

—¿Puedo yo ser amiga de Jesús también? —preguntó Carla.

—¡Por supuesto! Jesús te ama y quiere que lo invites a ser tu amigo. ¿Quisieras hacerlo hoy? —propuso Cristina.

—¡Claro que sí —respondió entusiasta Carla.

La consejera y todas las margaritas oraron con Carla. Mientras Carla aceptaba a Jesús en la reunión de Margaritas, su mamá también lo aceptó como Salvador en la reunión para adultos.

Desde entonces, Carla y su mamá comenzaron a asistir a los servicios de la iglesia. Cristina y Carla se hicieron muy buenas amigas. Esto sucedió porque comentó acerca del grupo de Margaritas en la tienda. Dios dará a cada una de ustedes oportunidades para que testifiquen a otros acerca de Jesús y muestren amor.

(Si en su clase hay niñas que no han aceptado a Jesús, esta sería una excelente oportunidad para que lo hicieran. Comparta con las niñas las galletas que trajo para ilustrar la lección.)

OREMOS

Hable al grupo acerca de alguien que usted conoce y que no es creyente. Pida que cada una mencione una persona que no conoce el amor de Jesús, y ore luego por los amigos y parientes no salvos. Pida a Dios que ayude a las margaritas a guiar a otros a Cristo.

HAGAMOS

1. Disponga que recorten la figura de la oveja en la página 79 del *Cuaderno de la margarita*. Haga que doblen la oveja por la línea de puntos. Ayúdelas a esparcir goma de pegar en un lado de la oveja y a cubrirla luego con algodón. Repita el mismo procedimiento en el otro lado de la oveja.

2. Dé a cada una una pinza de ropas para usar como patas de la oveja. Repita que el pastor ama sus ovejas y va tras la perdida, así como Jesús ama a los que no le conocen.

SALGAMOS

1. Juegue "Ovejita" con el grupo. Haga que cierren los ojos. Esconda la oveja de la historia bíblica en un rincón del aula. Después de esconderla, diga, "¡listo!" para que comiencen a buscarla. La primera que la encuentre dice: "¡Ovejita perdida ya está tranquila!", y toma la oveja. Continúe con el juego hasta que todas hayan tenido la oportunidad de encontrarla.

2. En el *Cuaderno de la margarita* marque los requisitos de la unidad que hayan cumplido. Felicítelas por el progreso y anime a las que están atrasadas.

3. Cuando las niñas salgan rumbo a su hogar, use la oveja para darles un beso en la mejilla. Imite el balido de la oveja, y diga:

—Gracias por ayudar al pastor a encontrarme, ahora puedes ayudar a Jesús a encontrar niñas que no lo conocen.

AMOR EN MI VIDA

PROPOSITO

El fruto del Espíritu es amor. El capítulo 13 de 1 Corintios describe el amor de manera muy hermosa. Las margaritas necesitan ser cariñosas. A veces requiere de un esfuerzo consciente. Las niñas aprenderán que sus pensamientos, palabras, y acciones deben ser con cariño.

PASOS A LA META

1. Memorizar 1 Juan 3:18.
2. Aprender y cantar una nueva canción.
3. Completar todas las hojas de trabajo del *Cuaderno de la margarita* que corresponden a este mes.

VERSICULO PARA APRENDER DE MEMORIA

"Amemos...con hechos y de verdad" (1 Juan 3:18).

ACTIVIDAD ESPECIAL

Durante este mes las margaritas aprenderán cómo pueden ser cariñosas con otros. Pondrán en práctica lo que han aprendido en la unidad. La actividad especial consistirá en visitar un hogar de ancianos, un hospital, o alguna institución parecida.

Antes de ir al lugar seleccionado, converse con las niñas acerca de pensamientos, palabras, y acciones que manifiestan amor a las personas. Tal vez ellas quieran preparar tarjetas o pequeños obsequios para las personas que conocerán. También pueden preparar algunas canciones de las que han aprendido en esta unidad.

Redacte una carta para informar a los padres acerca de esta actividad. En esta carta incluya la hora, el día, y el lugar que visitarán. Invite a los padres a acompañar al grupo.

Cuando llegue al lugar que visitarán, ponga atención a la manera en que las niñas manifiestan cariño a las personas. En la próxima reunión, felicite a las niñas por su participación y por la manera en que mostraron cariño a las personas.

RECIPIENTE PARA LA OFRENDA

Durante este mes de la unidad "Amar", use una caja en forma de corazón para recoger la ofrenda. Algunos caramelos vienen en cajas con forma de corazón. Si no dispone de una caja con esta forma, recorte formas de corazón y péguelas en las paredes de una caja de cartón o en una canasta.

CARTEL DE ANUNCIOS

En la lección 9, las niñas usarán una esponja para pintar un corazón rojo en un pliego de papel blanco. Esta hoja será el fondo para el cartel de anuncios del mes. Recorte letras en cartulina negra para escribir lo siguiente "LAS MARGARITAS AMAN", "Con sus pensamientos", "Con sus palabras", "Con sus hechos", y "¡SIEMPRE!" Pegue las letras en el cartel de anuncios según muestra la ilustración.

PENSAMIENTOS DE AMOR

PREPAREMOS

Trasfondo bíblico:
1 Samuel 16:1-13

Objetivo:
Las margaritas aprenderán que el verdadero amor comienza con los pensamientos y se manifiesta en acciones.

Materiales para la consejera:
- ❏ Un pliego de papel blanco para el cartel de anuncios con un gran corazón dibujado en el centro
- ❏ Esponjas de aproximadamente 5cm X 5cm
- ❏ Témpera roja
- ❏ Títere disfrazado como un anciano de los tiempos bíblicos
- ❏ Una cuerda para saltar
- ❏ Algunos juguetes
- ❏ Una venda adhesiva
- ❏ Botones, brillantina, o lentejuelas (opcional)
- ❏ Doce corazones de cartulina roja

MARGARITA DEL DIA

Cuando prepare la lección, dé tiempo a que la Margarita del Día presente el objeto que trajo a la clase. Además planee actividades en las que ella pueda ayudar.

Entregue la carta para los padres a la Margarita del Día de la próxima semana y recuérdele que durante la semana debe preparar la presentación de un objeto de importancia para ella.

EMPECEMOS

Antes de la clase dibuje un gran corazón en el pliego de papel blanco. Si el cartel de anuncios está a la altura de las niñas, cuelgue el papel para que ellas pinten el corazón. Proteja el piso con papel de periódico. Si el cartel de anuncios está fuera del alcance de las niñas, ponga el pliego de papel sobre el piso. Ponga témpera en un recipiente bajo y de boca ancha y diluya con un poco de agua. Conforme llegan, entregue un pedazo de una esponja a cada una y

muestre cómo deben untarla en la témpera y comenzar a pintar el corazón. Deben cuidar de pintar sin pasar la línea del dibujo. Mientras trabajan, comente lo que ellas han aprendido acerca del amor en las lecciones anteriores.

Después de la clase, usted puede finalizar el trabajo por emparejar el contorno del dibujo para definir la forma.

DEMOS

Use la caja en forma de corazón como recipiente para la ofrenda. Mientras se recoge las ofrendas, pida que digan una palabra del versículo bíblico de este mes: "Amemos...con hechos y de verdad" (1 Juan 3:18). Si en el grupo hay más de diez niñas, repita el versículo bíblico.

Antes de pedir que una ore por la ofrenda, explique que dar dinero es una manera de mostrar a Dios nuestros pensamientos de amor.

APRENDAMOS

Use un títere que represente un anciano que viste a la usanza de los tiempos de la Biblia.

El corazón de David

Hola, niñas. Mi nombre es Samuel. Yo fui un profeta de Dios en tiempos del Antiguo Testamento. Dios me usó para guiar el pueblo de Israel. Cierto día Dios me dijo:

—Samuel, quiero que vayas a casa de Isaí, porque escogí como rey a uno de sus hijos.

Viajé a Belén donde vivía Isaí. Cuando conocí a los hijos de este buen hombre, me llamó la atención uno de ellos, Eliab, y pensé: "Con toda seguridad éste es el hombre que el Señor ha escogido como rey."

Pero el Señor me dijo:

—No te fijes en su apariencia ni en su estatura. No se trata de lo que el hombre ve; pues el hombre se fija en las apariencias, pero yo me fijo en el corazón.

Dios me enseñó que lo que hay en el corazón es más importante que lo que podemos ver. Conocí siete hijos de Isaí, pero Dios no me dio señal de que alguno de ellos sería el rey. Finalmente pregunté a Isaí:

—¿Tienes más hijos?

—Falta el más pequeño, él que cuida las ovejas, —respondió Isaí.

David era el hijo menor de Isaí. El joven amaba mucho a Dios. Mientras cuidaba las ovejas de su padre, él cantaba a Dios para expresar su amor. Muchas de esas canciones las tenemos en nuestra Biblia, en el libro de los Salmos. Dios sabía que en el pensamiento y el corazón de David había mucho amor.

Pedí a Isaí que mandara a alguien por su hijo menor.

Cuando David estuvo frente a mí, Dios me mostró que este sería el próximo rey de Israel. David no era fuerte y grande como sus hermanos, pero eso no era importante para Dios. Dios vio el corazón de David. Yo estaba muy contento porque Dios había escogido como rey de Israel un hombre que tenía mucho amor en sus pensamientos y en el corazón.

Dios quiere que todas tengamos un corazón como él de David. Si el amor de Dios está en nuestro corazón también estará en nuestro pensamiento. Tendremos pensamientos de amor para Dios y para otras personas. El mes pasado estudiamos a quienes debemos amar. ¿Alguna de ustedes puede decir a quiénes podemos amar con nuestros pensamientos? (Permita que respondan su pregunta.)

David tenía tanto amor en su corazón que Dios lo llamó "amado". ¿Quisieras que Dios te llamara de la misma manera? ¡A mí me gustaría! El versículo que memorizaremos dice. "Amemos...con hechos y de verdad" (1 Juan 3:18). Hoy aprenderemos que debemos tener verdadero amor en nuestro pensamiento y corazón. Practiquemos nuestro versículo. (Repita el versículo varias veces y despida el títere.)

ALABEMOS

Enseñe la canción que ha elegido para este mes. Entone con ellas las demás canciones que han aprendido en el curso de la unidad. Invítelas a adorar a Dios, pida que mientras cantan, cierren los ojos y mediten cuánto aman a Dios.

ESCUCHEMOS

Pregunte si algunas quieren voluntariamente participar en los dramas breves. Cada drama necesita la participación de tres niñas. Una tendrá pensamientos buenos, la otra pensamientos malos hacia la tercera niña. Deje que ella decida qué pensamiento bueno tendrá hacia la tercera.

Drama 1

Entregue a Norma y Ana una cuerda para saltar.

Norma y Ana saltan la cuerda por turno. Norma primero usa la cuerda y salta con ella, y Ana cuenta los saltos. Cuando comete un error, entrega la cuerda a Ana que comienza a saltar mientras Norma cuenta los saltos. Luego llega Marta.

Norma piensa: —¡Oh, no! Ahora Marta querrá jugar también y tendré que esperar otro turno!

Ana piensa: —¡Qué contenta estoy de que Marta jugará con nosotras! A ella le gusta mucho jugar a la cuerda.

Pregunte: ¿Cuál de las dos tuvo un pensamiento bueno? Ana cuenta los saltos de Marta. Norma toma asiento y espera con expresión de frustración. *Pregunte: ¿Cómo puede Norma cambiar sus malos pensamientos?*

Drama 2

Ponga juguetes en el piso, cerca de Susi.

Carla y Perla tocan el timbre. Susi abre la puerta.

—¿Quieres jugar con nosotras? —pregunta Perla.

—No puedo —responde Susi—, debo limpiar mi cuarto antes de jugar.

Perla piensa: —Debemos ayudar a Ana a limpiar su cuarto para que pronto pueda jugar con nosotras.

Carla piensa: —Mejor vamos a casa de Luisa a preguntar si ella puede jugar con nosotras.

Pregunte: ¿Cuál de ellas tuvo un pensamiento bueno? Susi y Perla recogen los juguetes. Carla frunce el entrecejo a Perla. *Pregunte: ¿Cómo puede Carla cambiar su mala actitud a pensamientos y acciones buenas?*

Drama 3

Entregue a Tina una venda adhesiva para usar en el drama.

Sara está llorando, sentada frente a su casa con las manos sobre las rodillas. Tina y Juanita se acercan; las dos juegan con los patines.

Tina piensa: —Sara está muy triste, la ayudaré.

Juanita piensa: —Sara es una llorona, ¿en qué líos se habrá metido?

Pregunte: ¿Cuál de las dos tuvo un pensamiento bueno?

Tina se inclina y habla a Sara, luego se va. Janita la ignora. Tina regresa y pone una venda adhesiva en la rodilla de Sara, y después la ayuda a levantarse.

Pregunte: ¿Cómo puede Juanita cambiar sus malos pensamientos?

Los buenos pensamientos nos conducen a buenas acciones. Los buenos pensamientos de Ana se manifestaron cuando permitió que Marta jugara a saltar la cuerda con ellas. Los buenos pensamientos de Perla hicieron que ayudara a Ana a guardar los juguetes. Los buenos pensamientos de Tina la guiaron a ayudar a Sara.

Sólo Dios conoce nuestros pensamientos. El sabe si tenemos pensamientos buenos o malos. Cuando pensamos y hacemos cosa malas Dios se entristece. A veces tenemos malos pensamientos, sin embargo obramos bien. Empero Dios conoce lo que hay en nuestro corazón. Pensemos, hagamos, y digamos cosas buenas.

OREMOS

Pida que cada una dé un ejemplo de buen pensamiento. Comience con su propio ejemplo. Haga énfasis en el pensamiento en vez de hacerlo en la acción.

Permita que oren por un momento en silencio. Luego, haga que repitan esta oración después de usted:

"Querido Dios... perdóname... por los malos pensamientos... que he tenido... Por favor,... ayúdame a pensar bien... Amén."

HAGAMOS

1. Lea Filipenses 4:8. Explique a las niñas que este versículo nos indica qué clase de pensamientos debemos tener. Pídales que busquen la página 83 del *Cuaderno de la margarita*. Lea las palabras al pie del laberinto. Con un lápiz ellas trazarán el camino a los pensamientos que agradan a Dios.

2. David fue rey de Israel porque Dios sabía que su corazón era recto. Ayuda a las niñas a hacer coronas que les recuerden que en el corazón y los pensamientos deben tener amor. Use la corona que aparece en la página 81 del *Cuaderno de la margarita*. Después de recortar y pintar, use botones, brillantino, o lentejuelas para decorar. Use grapas o corchetes para unir los dos extremos de la corona.

SALGAMOS

1. Deje que las niñas la ayuden a escribir sobre los 12 corazones. Haga que dos niñas escriban en dos corazones la palabra "verdad". En otros dos, otras dos niñas pueden escribir "honesto"; en otros dos, "justo", en otros dos, "puro", en otros dos, "cariñoso", y en otros dos, "buenas noticias".

2. Ponga los corazones sobre la mesa. Esconda el lado escrito. Deje que se turnen para escoger dos corazones, les darán vuelta, y comprobarán si las palabras son las mismas. Quite los corazones de la mesa a medida que encuentran los pares. Si quien juega no encuentra el par, deberá dejar los dos corazones tal como estaban.

PALABRAS DE AMOR

PREPAREMOS

Trasfondo bíblico:
    1 Samuel 20

Objetivo:
    Las margaritas aprenderán cómo pueden usar las palabras para mostrar amor.

Materiales para la consejera:
- ❏ Un globo para cada niña. Antes de poner aire, introduzca una tira de papel con un mensaje cariñoso.
- ❏ Cinta para cada globo
- ❏ Una caja de zapatos con los siguientes materiales dentro: una tira de cartulina roja, 2 tiras de cartulina rosada, goma de pegar, tijeras, y crayones o lápices de color
- ❏ Un corazón de cartulina con la palabra "amor" escrita en una mitad, y la palabra "verdad" escrita en la otra mitad *(vea el modelo en la página 95)*; antes de la clase, corte el corazón en dos.

MARGARITA DEL DIA

Cuando prepare la lección, dé tiempo a que la Margarita del Día presente el objeto que trajo a la clase. Además planee actividades en las que ella pueda ayudar.

Entregue la carta para los padres a la Margarita del Día de la próxima semana y recuérdele que durante la semana debe preparar la presentación de un objeto de importancia para ella.

EMPECEMOS

1. Antes de la reunión, escriba un mensaje cariñoso en tiras de papel. Enrolle bien cada mensaje e introdúzcalo en un globo. Infle el globo y ate la boca. Ponga la cinta roja o cinta rizada en cada globo. Los globos extras pueden servir como decoración. Cuelgue del techo los globos. Estos servirán como decoraciones y también para que cada una lleve uno a casa.

2. Haga que trabajen en la página 84 del *Cuaderno de la margarita*. Ayúdelas a leer las palabras cariñosas, a encerrarlas en un círculo, y a tachar las que no expresan afecto. Haga que coloreen el dibujo.

DEMOS

Dios es bueno y tiene atributos maravillosos. Mientras las niñas ofrendan pida que digan alguna característica de Dios.

APRENDAMOS

Abra su biblia en 1 Samuel 20 para la historia de hoy.

David y Jonatán

Antes de ser rey, David sirvió al rey Saúl por muchos años. El hijo del rey, Jonatán, y David eran muy buenos amigos. La Biblia dice que Jonatán amaba David como a sí mismo.

Un día Saúl se enojó con David y planeó matarlo. Jonatán quiso ayudar a su amigo David. Ellos hicieron un plan para salvar a David de la ira del rey. Jonatán dijo cosas muy lindas a David:

—¡Que el Señor te ayude como ayudó a mi padre!

David y Jonatán prometieron que serían fieles a su amistad y que siempre estarían dispuestos a ayudar a sus familias. David y Jonatán expresaron hermosas cosas uno del otro.

Dios se agrada cuando decimos hermosas palabras a nuestros amigos. El quiere que seamos afectuosos. Nuestro versículo para memorizar nos dice que nos "Amemos...con hechos y de verdad" 1 (Juan 3:18). Una manera de mostrar afecto por otros es usar palabras afectuosas. Practiquemos nuestro versículo para memorizar.

ALABEMOS

Invite a las niñas a cantar "Oh, Dios es bueno". A medida que cantan, mencione en la canción otros atributos de Dios (Oh, Dios es fiel; Oh, Dios es justo; etc.). Continúe practicando la canción que ha elegido para enseñar este mes. Repase las canciones de los meses anteriores.

ESCUCHEMOS

Necesitará la caja de zapatos con los artículos para el trabajo manual. Simule ser Cristina y Juanita que preparan tarjetas.

Cristina hace tarjetas

—Mami, mami —llamaba Cristina mientras corría hacia la casa—. Juanita y yo haremos tarjetas para regalarnos hoy. Ella está en su casa ahora haciendo uno para mí, y yo haré una para ella.

Cristina sacó la caja de zapatos con los artículos para el trabajo manual. En esa encontró varios pedazos de papel. Dobló el pedazo rojo por la mitad y recortó un corazón grande. Después, recortó en papel rosa un corazón más pequeño. De prisa fue a la cocina a pedir que su mamá la ayudara a deletrear unas palabras.

—¿Cómo se deletrea "amigas"? —preguntó Cristina.

—A-M-I-G-A-S —respondió la mamá.

—¿Cómo se deletrea "para siempre"?

—P-A-R-A-S-I-E-M-P-R-E.

—Gracias —dijo Cristina y volvió a su cuarto. Ella pegó el corazón rosa con las palabras "Amigas para siempre" sobre el corazón rojo. En el revés firmó su nombre.

Mientras tanto Juanita estaba también confeccionando la tarjeta para Cristina. Juanita recortó en cartulina un corazón rosa. Ella dibujó en el corazón dos niñas tomadas de las manos. Luego coloreó el dibujo, y en la parte superior del corazón escribió: "Te amo, Cristina".

Juanita corrió a la casa de Cristina. Cristina estaba esperando a la puerta cuando llegó Juanita. Las dos tenían sus tarjetas escondidas a la espalda.

—Esta es para ti —dijo Juanita mientras entregaba la tarjeta a Cristina.

—Y esta es para ti —dijo Cristina—. La tarjeta dice "amigas para siempre".

Cada una admiró su tarjeta, y Cristina dijo, —el dibujo es igualito a nosotras.

—Tu tarjeta es tan linda, la llevaré siempre conmigo —respondió Juanita.

Las niñas mostraron a la mamá de Cristina sus tarjetas. La mamá les dijo que las tarjetas eran muy bonitas.

—Me alegra saber que ustedes pueden decir cosas lindas una a la otra —dijo la mamá—. Dios se alegra también cuando nosotras usamos las palabras para expresar nuestro cariño.

Las niñas respondieron con una sonrisa y después corrieron al patio a jugar. Cuando corrían, Cristina susurró: Gracias, Dios, por mi buena amiga, Juanita.

OREMOS

Ayúdelas para que busquen el libro de los Salmos. Cuénteles que David escribió y cantó a Dios muchas palabras de amor. Lea Salmos 8:1 y 9:1, 2. Ayúdelas a encontrar el Salmo 9:11 y lea la primera frase. Abra en el Salmo 18, y lea el primer versículo. Después, ayúdelas a encontrar y leer el Salmo 18:46.

Dios quiere que le digamos cuánto lo amamos. Podemos hacer eso a cualquier hora del día. En la mañana, antes de levantarte de la cama di a Dios que lo amas. Di, por ejemplo: "Te amo, Dios, y gracias por este nuevo día." Durante el día, para a dar gracias a Dios por todo lo que El hace por ti y di: "Te amo". Por la noche, antes de dormir, susurra: "Te amo, Dios".

Vamos a tomar tiempo y decir a Dios que lo amamos. Dirija la oración pero anime a las niñas a usar sus propias palabras para decir a Dios que lo aman.

HAGAMOS

Haga que coloreen los dibujos en la página 85 del *Cuaderno de la margarita*. Lea los mensajes al grupo. Haga que recorten cada figura. Ayúdelas a decidir a quién darán las tarjetas y a escribir el nombre de la persona.

SALGAMOS

1. Use el patrón en forma de corazón de la página 95, recorte un corazón para cada dos niñas. Escriba "Amor" en una mitad de los corazones y "verdad" en la otra mitad. Recorte los corazones en dos. *(Vea la ilustración.)* Dé a cada una la mitad de un

corazón escrito "amor" y la otra mitad "verdad". Deje que cada una encuentre la que tenga la otra mitad del corazón. Mientras las niñas buscan a quien tiene la otra mitad del corazón, repase el versículo para memorizar.

2. Conforme salen, deles un globo para llevar a la casa. Dígales que hay un mensaje especial dentro del globo. Pida que cuando lleguen a casa revienten el globo y lean el mensaje escondido.

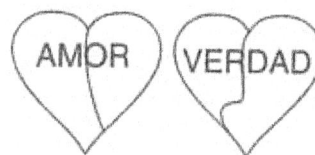

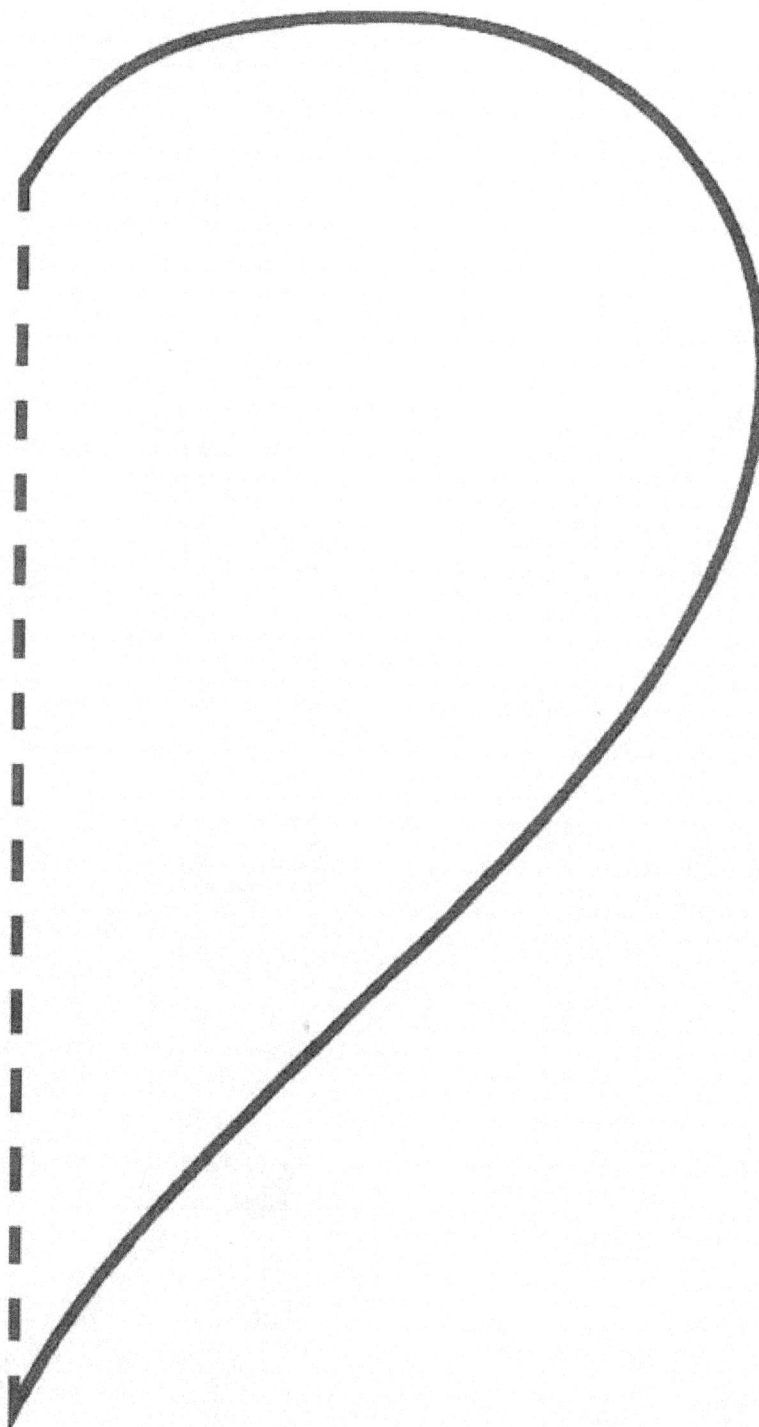

AMOR VERDAD

HECHOS DE AMOR

PREPAREMOS

Trasfondo bíblico:
1 Samuel 18:1-4

Objetivo:
Las margaritas serán desafiadas a mostrar amor a otros con su amabilidad.

Materiales para la consejera:

❑ Un corazón de cartulina para cada una (escriba "soy amorosa" en cada corazón)
❑ Un imperdible o alfiler de seguridad
❑ Cintas de 10cm de largo para cada una
❑ Pedazos de papel para envolver
❑ Un moño de adorno o cinta para cada niña
❑ Una esfera de regalo. Prepare según las instrucciones en la sección "Aprendemos" (Una tira larga de papel crepé o tela y un dibujo o copia de la capa, túnica, espada, arco, y cinto)

MARGARITA DEL DIA

Cuando prepare la lección, dé tiempo a que la Margarita del Día presente el objeto que trajo a la clase. Además planee actividades en las que ella pueda ayudar.

Entregue la carta para los padres a la Margarita del Día de la próxima semana y recuérdele que durante la semana debe preparar la presentación de un objeto de importancia para ella.

EMPECEMOS

1. Conforme llegan, entregue un corazón con las palabras "soy amorosa". Explique que cada vez que la consejera considere que han mostrado amor, recibirán una cinta para pegar al corazón.

2. Haga que coloreen la página 87 del *Cuaderno de la margarita*. Muéstreles cómo

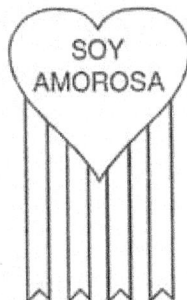

decorar el paquete con papel para envolver regalos y un moño de adorno o una cinta de color. Comente que regalar es un acto de amor.

DEMOS

Ofrendar es un acto de amor a Dios. Podríamos hacer muchas cosas con nuestro dinero, pero hemos decidido expresar amor a Dios con nuestra ofrenda. Que las niñas digan "te amo, Dios" cuando pongan la ofrenda en el recipiente.

APRENDAMOS

Antes de la clase, dibuje o busque réplicas en miniatura de una capa, una túnica, una espada, un arco y un cinto. Use una tira larga de tela o papel crepé (5 a 10 cm de ancho) para envolver el cinto. Envuelva el cinto hasta que no se vea, después envuelva el arco, la espada, y la túnica de la misma manera. Lo último que envolverá será la capa. Cuando finalice, deberá tener una bola de tela o papel crepé con las réplicas dentro. Cuando desenrrolle la tela o el papel crepé, las niñas encontrarán los pequeños regalos.

Para la historia de hoy, abra su biblia y lea directamente de ella. Motive a las niñas a usar sus biblias.

Intercambio de regalo

David era pastor de ovejas y Jonatán era un príncipe. David y Jonatán eran buenos amigos. David también sirvió en la casa del rey. La semana pasada, aprendimos que David y Jonatán compartieron mensajes de cariño. Pero su cariño no fue expresado sólo en palabras. También hubo acciones que expresaron amor. Jonatán compartió algo muy especial con David.

Leamos lo que la Biblia dice acerca de esta amistad. *(Lea 1 Samuel 18:1—4.)*

Para mostrar su amor a David, Jonatán le regaló algunas cosas. ¡Veamos cuáles fueron esos regalos! *(Entregue la bola de tela a la primera niña cerca de usted.)* Dentro de esta bola están los regalos que Jonatán dio a David. Desenvolvámosla con mucho cuidado. *(La primera niña encontrará la capa, la segunda encontrará el segundo, de esta manera hasta que encuentren todos los objetos.)*

Jonatán dio a David su capa, su túnica, su espada, su arco, y su cinto. Jonatán debe haber amado mucho a David para darle todas esas cosas.

¿Cómo crees que se sintió David? *(Permita que respondan.)*

¿Cómo te sientes tú cuando alguien te da un regalo especial? *(Permita respuesta.)* Yo me siento muy bien. Cuando regalamos cosas a nuestros amigos hacemos que se sientan apreciados. Nuestro versículo para memorizar dice, "Amemos...con hechos y de verdad" (1 Juan 3:18). Dar un regalo a alguien es un hecho que muestra amor o cariño. Hay otras cosas que podemos hacer para mostrar amor. ¿Tienen ustedes algunos ejemplos? *(Permita que respondan, anime a las niñas a pensar en acciones humanitarias que no requieran dinero.)* Oremos y pidamos a Dios que nos enseñe otras maneras de mostrar amor.

ALABEMOS

Cuando alabamos a Dios con nuestras canciones, compartimos palabras de amor con El. David compartió muchas palabras de amor con Dios, pero él también puso sus palabras en acción. El levantó sus manos ante el Señor para mostrar cuánto lo amaba. Nosotras también podemos mostrar amor a Dios con actos como ese: levantar las manos, arrodillarnos en actitud de respeto. Cuando hacemos estas cosas, no nos debe preocupar lo que piensa la gente que nos rodea. Dios quiere que pensemos en El.

Mientras las niñas cantan, anímelas a expresar amor a Dios con las manos en alto o arrodilladas. Dé ejemplo a las niñas de que ellas también pueden adorar a Dios con libertad. Es importante recordar que las niñas no deben ser presionadas a hacer algo que no quieren.

ESCUCHEMOS

Adiós, Juanita

Cristina entró corriendo a su cuarto, cerró la puerta, y se arrojó en la cama llorando. No podía dejar de llorar. Su mamá la escuchó y entró de prisa al cuarto.

Cristina apenas podía hablar. La mamá la abrazó mientras Cristina balbuceó la mala noticia.

—Juanita *(solloza)* se muda *(solloza)* lejos *(solloza)* —dijo Cristina a su madre—. Ella se va *(solloza)* a fin de mes.

Cristina estaba muy triste. Ella y Juanita han sido buenas amigas desde el inicio de clases. Ellas jugaban juntas, comían juntas, y hacían las tareas de la clase juntas. Cristina no sabía qué hacer sin Juanita.

La mamá dijo a Cristina: —a veces las familias tienen que mudarse. Recuerdo qué difícil fue para mí dejar a la tía Karina y mudarme a este pueblo. Lloré mucho pero Dios me ayudó para que me adaptara a la vida en un nuevo pueblo. Ahora Juanita necesita tu amor más que nunca. Aunque estén tristes, puedes animar a Juanita y asegurarle que siempre serán amigas.

Cristina se limpió la nariz. La mamá la besó. Cristina estaba tan triste, tomó a su muñeca Susana.

—Mi mejor amiga, Juanita, se va a otro pueblo —dijo Cristina a su muñeca—. Estoy tan triste, pero yo quiero que ella sepa que siempre la amaré. ¿Qué puedo hacer?

Cristina buscó entre sus juguetes y su ropa. Pensó en todas las cosas que ellos estaban poniendo en cajas. ¡En ese momento tuvo una gran idea!

—Me imagino todo el trabajo que deben tener para mudarse —dijo Cristina a su muñeca—. Creo que puedo mostrar a Juanita que la amo si la ayudo a guardar sus cosas.

Cristina pidió permiso a mamá para ir a casa de Juanita. Cuando Juanita abrió la puerta tenía los ojos llenos de lágrimas.

—Vine a ayudarte a preparar tus maletas —dijo Cristina—. Aunque te mudes muy lejos, siempre te amaré y seré tu amiga.

Juanita se secó las lágrimas. —Tú eres la mejor amiga que he tenido. Aun cuando estás triste puedes hacer algo lindo para mostrar que me amas. ¡Gracias por ser mi amiga!

Las niñas se abrazaron. Aunque Cristina estaba triste por el viaje de su amiga, se sentía feliz de haber podido hacer algo por ella. Mientras ponían los juguetes dentro de una caja, Cristina oró en silencio:

—Querido Jesús, ayúdame a mostrar amor con mis acciones.

OREMOS

Pida a las niñas que se sienten alrededor del cartel de anuncios del mes. Explique que el corazón que ellas pintaron representa el amor que debemos tener hacia otras personas. Las palabras en el cartel nos recuerda las maneras en que podemos expresar ese amor. Pida a cuatro voluntarias que dirijan la oración. Cada voluntaria pedirá a Dios que ayude a las margaritas a expresar amor en una de las cuatro maneras que registra el cartel: pensamientos puros, palabras, acciones, y en todo tiempo.

HAGAMOS

1. Use los cinco objetos que Jonatán dio a David para jugar "¿Qué falta?". Ponga los cinco artículos sobre la mesa. Pida que cierren los ojos mientras usted saca un artículo. Cuando abran los ojos, pregunte, "¿qué falta?" Vuelva a poner el artículo que falta, y tome otro.

2. La página 89 del *Cuaderno de la margarita* contiene cuatro cupones para que completen. Pida que en el espacio en blanco hagan un retrato de sí misma o de quién recibirá el cupón. Ellas deben escribir el nombre de la persona que recibirá el cupón y luego recortar. En el reverso del cupón, ayúdelas a escribir su nombre.

Diga a las niñas que usarán estos cupones para mostrar amor a alguien. Deben darlos a diferentes personas y hacer lo que está escrito en el papel.

Recuerde a las niñas que normalmente no usarán cupones para hacer el bien a otros. Aunque esta es una manera entretenida de manifestar cariño a las persona, siempre debemos estar dispuestas a amar a los demás.

SALGAMOS

1. Divida la clase en grupos de 3 ó 4 niñas. Sugiera una situación hipotética (una amiga enferma, alguien nuevo en el vecindario, mamá tiene mucho trabajo, etc.) y pídales que comenten y dramaticen lo que harían para mostrar amor. Repita la actividad para que todas participen.

2. Cuando las niñas salgan del salón felicítelas por las cintas que ganaron durante la clase.

SIEMPRE RESPONDO CON AMOR

PREPAREMOS

Trasfondo bíblico:
   1 Samuel 20

Objetivo:
   Las margaritas aprenderán que Dios quiere que amen en todo tiempo, y que conozcan las características del verdadero amor.

Materiales para la consejera:
❏ Una moneda para cada una
❏ Un blanco (para hacerlo, siga las instrucciones en la sección "Escuchemos")
❏ Tres flechas de cartón o de juguete
❏ Seis flechas de cartulina con las siguientes palabras escrita en cada una: paciente, benigno, considerado, amable, fiel, generoso
❏ Cinta adhesiva
❏ Acuarelas o témpera (opcional)

MARGARITA DEL DIA

   Cuando prepare la lección, dé tiempo a que la Margarita del Día presente el objeto que trajo a la clase. Además planee actividades en las que ella pueda ayudar.

   Entregue la carta para los padres a la Margarita del Día de la próxima semana y recuérdele que durante la semana debe preparar la presentación de un objeto de importancia para ella.

EMPECEMOS

1. Conforme llegan, entregue el blanco que se encuentra en la página 91 del *Cuaderno de la margarita*. Señale los colores que deben usar para cada área. Cuando acaben de colorear, pueden recortar.
2. Dé una moneda a cada una. Ponga el blanco en el piso, y haga que cada una lance la moneda y procuren que caiga en el centro del blanco. Si la moneda cae en el centro "Amor", pueden repetir

el versículo bíblico de ese mes. Luego de que hayan recitado el versiculo del mes, deje que digan los versiculos de los otros meses de esta unidad.

DEMOS

   Mientras ofrendan pueden repetir, "Obraré siempre con amor". Lo que importa no es la cantidad que damos sino la actitud que tenemos al dar. Damos porque queremos expresar nuestro amor a Dios.

APRENDAMOS

   Para la historia bíblica de hoy ponga un blanco a una cierta distancia. Corte 3 flechas de cartón o use flechas de juguete. Abra la biblia en 1 Samuel 20. Durante la historia lea algunos versículos directamente de la Biblia.

Amigos para siempre

   El rey Saúl estaba celoso de David. La gente amaba mucho a David y lo consideraba un héroe. Saúl se enojó porque ahora David era el centro de atención. El rey Saúl buscó una oportunidad para hacer daño a David. Este huyó y se escondió del rey.

   Se acercaba una gran fiesta, y David tenía miedo de presentarse ante el rey. Pero David estaba en el ejército del rey, así que todos esperaban que él estuviera presente en la celebración. Había un lugar reservado para David en la mesa del rey.

   Jonatán también le preocupaba que David se presentara ante Saúl. El no quería que su padre hiriera David. Entonces los amigos se pusieron de acuerdo en un plan para proteger la vida de David. Jonatán iba a averiguar las intenciones de su padre contra David. Si el rey Saúl no tenía intenciones de hacer daño a David, Jonatán avisaría a su amigo que podía regresar y que estaría seguro. Pero si el rey tenía planes de hacerle daño, Jonatán le advertiría que huyera porque su vida corría peligro de muerte.

   Los amigos acordaron reunirse en un lugar secreto. David se escondería hasta ver la señal de su amigo. Jonatán lanzaría tres flechas. Si estas caían frente al blanco, David podría regresar seguro. *(Arroje las flechas de tal forma que caigan frente al blanco.)* Si las flechas caían más allá del blanco, David tendría que huir por su vida. *(Arroje las flechas de tal forma que caigan más allá del blanco.)*

El segundo día de la fiesta, el rey Saúl se enojó mucho porque David no vino a la celebración, hasta trató de lastimar a su hijo, Jonatán, porque sabía que era buen amigo de David. Jonatán salió al campo y tiró tres flechas que cayeron más allá del blanco. ¿Recuerdan cuál era el significado de esa señal? *(Permita que respondan.)*

David salió de su escondite. (Lea 1 Samuel 20:41, 42.) David y Jonatán siempre serían buenos amigos, aunque no volvieran a verse.

Jonatán y David entendieron que Dios quiere que nos "Amemos...con hechos y de verdad" (1 Juan 3:18). Así como David y Jonatán, debemos amarnos, no importa las circunstancias. *(Asegúrese de que las niñas en su grupo sepan el versículo para memorizar. Si aún no lo han aprendido, repita con ellas para que todas memoricen.)*

ALABEMOS

Esta es la última semana de la unidad "Amar". Uno de los requisitos para obtener la insignia de la unidad es que las niñas aprendan una nueva canción cada mes. Durante este periodo dirija a las niñas en las tres canciones. Marque en el *Cuaderno de la margarita* que ellas han cumplido este requisito.

ESCUCHEMOS

Antes de la reunión, confeccione un blanco. Para el centro, recorte un círculo de 5 cm de diámetro y escriba la palabra "Amor". Corte otros dos círculos del mismo tamaño y escriba "Dios" en uno y "Soy" en el otro. Guarde los círculos para el momento que corresponda.

Escriba las siguientes palabras en cada flecha: paciente, benigno, considerado, amable, fiel, generoso.

Antes que lleguen las margaritas, esconda las flechas en diferentes lugares en el aula. Pégue el blanco en la pared a la altura de las niñas. Siéntese frente al blanco con las niñas.

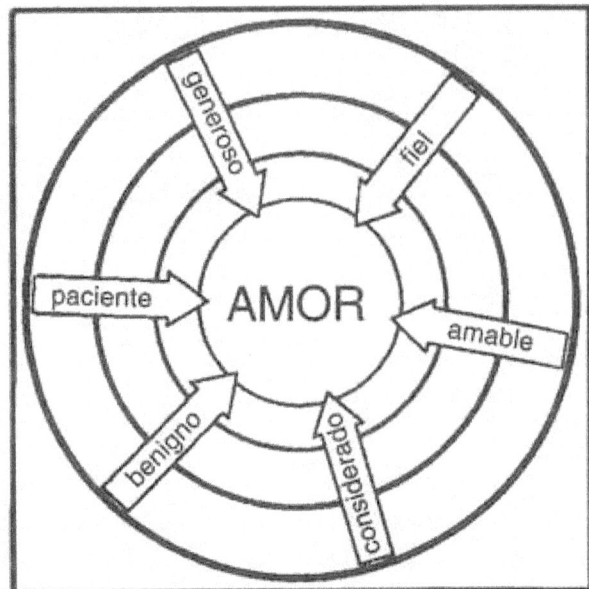

Aprendo sobre el amor

¿Para qué se usa un blanco? *Permita respuestas.* En el juego del tiro al blanco, los dardos deben clavarse en el blanco. En el deporte del tiro con arco, las flechas también deben apuntar al blanco. En ambos juegos, la más alta puntuación corresponde a quien da en el centro del blanco. Nosotros también tenemos un blanco en nuestra vida. El centro de nuestro blanco dice "amor". Nuestra meta debe ser siempre tener "amor" en nosotros. *Apunte al centro del blanco que colgó en la pared.*

Antes que ustedes llegaran, oculté seis flechas en este salón. ¿Creen que la pueden encontrar? *Dé tiempo para que encuentren las flechas.*

Estas flechas llevan escritas algunas características del amor. Estas describen el significado del amor.

El amor es paciente. *Haga que la que tenga la flecha con la palabra "paciente" la coloque en el blanco con cinta adhesiva.* El amor todo lo soporta. Cuando aprendes a hacer algo nuevo, debes tener paciencia. Es necesaria la paciencia para aprender a andar en bicicleta. Si queremos ser bondadosas, debemos tener paciencia.

El amor es benigno. *Haga que la que tiene la flecha con la palabra "benigno" la ponga en el blanco con cinta adhesiva.* Ser benigno es obrar con bondad. Cuando alguien es benigno con nosotros, eso nos hace sentir bien. Cuando somos benignos con los demás, demostramos que somos personas cariñosas. Obrar con benignidad es característica de una persona cariñosa.

El amor es considerado. *Haga que la que tenga la flecha con la palabra "considerado" la fije en el blanco con cinta adhesiva.* Me siento especial cuando me tratan con consideración. Un modo de mostrar consideración a uno que gusta de la lectura es obsequiarle con un libro. Mostramos consideración cuando enviamos una nota a un amigo que extrañamos o uno que nos ha hecho un favor especial. Al ser consideradas, mostramos que somos cariñosas.

El amor es amable. *Haga que la que tenga la flecha con la palabra "amable" la ponga en el blanco con cinta adhesiva.* Una madre es amable cuando sostiene su bebé en brazos. Se pide que un niño sea amable al acariciar a su perrito o gatito. Cuando uno se lastima la rodilla, necesita una venda, el papá o la mamá es muy amable para aplicar la medicina y la venda. Ser amable es caraterística de una persona bondadosa.

El amor es fiel. *Haga que la que tenga la flecha con la palabra "fiel" la coloque en el blanco con cinta adhesiva.* Un amigo fiel es aquel que permanece a nuestro lado a pesar de las circunstancias adversas. Un amigo fiel siempre estará a nuestro lado, aun cuando otros nos dejen. Un amigo fiel no dice cosas malas de uno. Un amigo fiel nos ayuda cuando nadie más desea hacerlo. Un amigo fiel es alguien que muestra cariño.

El amor es generoso. *Haga que la que tenga la flecha con la palabra "generoso" la fije en el blanco con cinta adhesiva.* Una persona generosa es quien comparte. Tú puedes ser generosa si compartes tus pertenecias o tu dinero. También, uno puede ser generoso con su tiempo.

Leamos juntas las características del amor en cada flecha: paciente, benigno, considerado, amable, fiel, generoso.

La Biblia dice que Dios es amor. Esto significa que Dios posee todas estas características. *Cambie el centro "Amor" por "Dios", y lea las características que El posee.*

Ahora cambiemos "Dios" por "Soy" y leamos las características que todas necesitamos tener.

OREMOS

Haga que las niñas se tomen de la mano y formen una ronda. Ore que Dios ayude a cada una a ser más paciente, benigna, considerada, amable, fiel, y generosa. Dé gracias a Dios porque El posee todas esas características. Dé gracias a Dios por su amor. Pregunte si alguna quisiera dirigir la oración.

HAGAMOS

Las margaritas usarán acuarelas, marcadores, o crayones para pintar el dibujo de la página 93. Mientras pintan, revise los requisitos de la insignia para asegurarse de que hayan cumplido todos.

SALGAMOS

Haga un juego de repaso de los requisitos completados para obtener la insignia Amar, mediante las preguntas siguientes:

1. Diga uno de los versículos bíblicos de la insignia Amar.
2. Escoja una amiga y cante una de las canciones que aprendió para obtener la insignia Amar.
3. Escoja una o dos amigas para representar una parte de la historia del nacimiento de Jesús.
4. ¿Para quién confeccionaste el trabajo manual?
5. ¿A quién invitaste al grupo de las Margaritas?

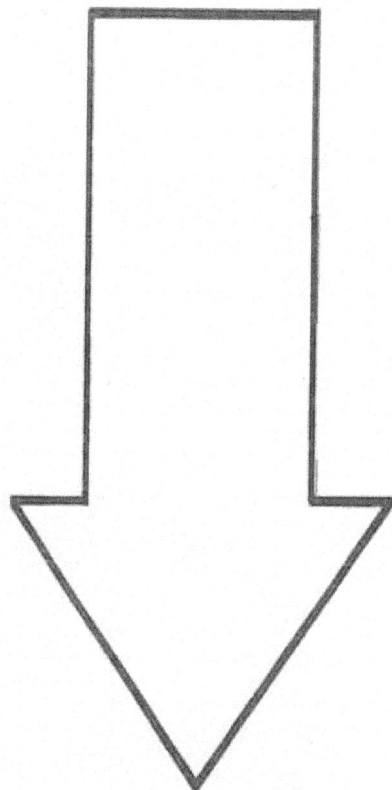

Manual de la Consejera de Margaritas
Tomo 1 - Cubierta en Color
ISBN 978-1-63368-153-8

9 781633 681538 >